Jimi Hendrix

von Corinne Ullrich
unter Mitarbeit von Petra Zeitz

Deutscher Taschenbuch Verlag

Weitere in der Reihe **dtv portrait** erschienene Titel
am Ende des Bandes

Originalausgabe
September 2000
www.dtv.de
© Deutscher Taschenbuch Verlag GmbH & Co. KG, München
Umschlagkonzept: Balk & Brumshagen
Umschlagbild: Jimi Hendrix,
Fotografie (© AKG, Berlin)
Redaktionelle Mitarbeit: Petra Zeitz
Layout und Satz: Agents – Producers – Editors, Overath
Druck und Bindung: APPL, Wemding
Gedruckt auf säurefreiem, chlorfrei gebleichtem Papier
Printed in Germany   ISBN 3–423–31037–5

Inhalt

1 Jimi Hendrix im Jahr 1970

Kindheit und Jugend

Als Lucille Hendrix am 27. November 1942 in Seattle ihr erstes Kind zur Welt brachte, war sie selbst gerade 17 Jahre alt – eine hübsche, zierliche, hellhäutige Schwarze, der es an Verehrern nicht mangelte. Einer von ihnen war der sechs Jahre ältere Boxer und Tänzer Al Hendrix, den sie im Jahr zuvor auf einer Tanzveranstaltung kennengelernt hatte. Schon wenig später, am 31. März 1942, heirateten die beiden, denn Lucille war schwanger. Der bei der Hochzeit 22jährige James Allen Hendrix war der Sohn der Vaudeville-Tänzerin Nora Rose Moore (der Tochter eines Iren und einer Cherokee) und des Schwarzen Ross Hendrix. Beide Eltern waren im Showgeschäft tätig: Ross als Bühnenarbeiter, Nora als Tänzerin.

Die Hochzeit zwischen Al und Lucille jedoch stand von Anfang an unter keinem guten Stern: Al hatte gerade seine Einberufung in die Armee und seinen Marschbefehl erhalten und wurde kurz nach der Eheschließung eingezogen. Ein Antrag auf Heimaturlaub zur Geburt seines Sohnes wurde abgelehnt. Sie gab dem Jungen den Namen John Allen Hendrix.

Mit der Pflege und Verantwortung für den kleinen Johnny war das junge Mädchen hoffnungslos überfordert. Gerade hatte sie begonnen, das Leben zu genießen, auszugehen, zu tanzen, Spaß zu haben und mit Männern zu flir-

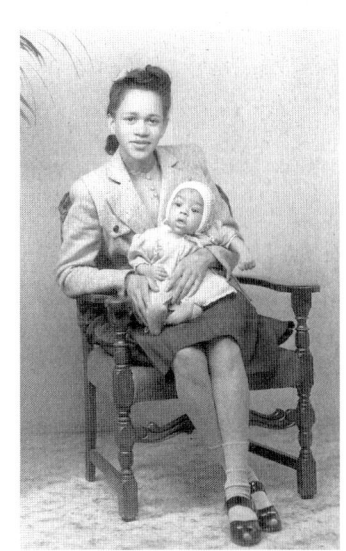

2 Lucille Hendrix und Jimi

ten. Und auf einmal verlangte ein Baby ihre ganze Aufmerksamkeit. Lucille reagierte mit Flucht, ließ den Kleinen bei ihrer Mutter Clarice und verschwand tage- und nächteweise. Der Junge wurde herumgereicht, fand liebevolle Aufnahme bei der Frau des Hauses, in dem die Mutter putzte, bei seiner Großmutter Nora in Vancouver sowie bei Lucilles Schwestern Dolores und Nancy. Ganz wollte Lucille auf ihr Kind dennoch nicht verzichten. Immer wieder holte sie den kleinen Johnny zu sich in die zugigen, heruntergekommenen Quartiere, in denen sie mit ihrem damaligen Freund hauste.

Am 11. November 1945 kehrte Al von der Front nach Seattle zurück. Nach einer schlagkräftigen Auseinandersetzung mit Lucilles neuem Freund fuhr er nach Kalifornien und holte seinen Sohn ab, der dort bei Pflegeeltern, den Champs, lebte. »Ich war sehr nervös, als ich Jimi zum ersten Mal traf. Ich sagte zu mir selbst: Jetzt lerne ich endlich meinen Sohn kennen! Dieses Gefühl war mir völlig neu. Als ich ihn sah, trug er ein kleines T-Shirt, eine kurze Hose und Sandalen. Und ich dachte: Dieser kleine Junge hier, das ist mein Sohn! Er war mir gegenüber sehr schüchtern – Jimi war eigentlich immer schüchtern – ich breitete meine Arme aus und ging auf ihn zu, um ihn zu umarmen. Und Jimi umarmte mich.« Der kleine Junge allerdings erinnert sich, laut seiner späteren Freundin Kathy Etchingham, anders: »Eines Tages tauchte mein Vater bei den Champs auf, wie ein Fremder, und sagte, daß ich mit ihm zurückkommen mußte. Ich hatte große Angst vor ihm. Sogar auf dem Weg zurück nach Seattle, als ich aufgeregt herumschrie, schlug er mich.«

Hart, diszipliniert und befehlsgewohnt. Al kam gerade aus der Armee und war nach drei Jahren Krieg rauhe Sitten und einen harten Ton gewohnt. Und vor allem eindeutige Befehle und Gehorsam. Mit Kindern hatte er keine Erfahrung und

Jimi lernte gerade, sich die Schuhe zuzubinden. Al beobachtete ihn, und Jimi versuchte, alles richtig zu machen. Aber er war so nervös, daß er es immer wieder falsch machte. Al schrie ihn an, und ich sagte: »Er ist doch noch ein Baby« … »Er ist nur dickköpfig«, sagte Al. »Er ist wie seine Mutter.«

Eine Freundin der Familie

schlug ihnen gegenüber denselben Ton an. Die Beziehung zu seiner Frau war eine wilde Achterbahnfahrt. Al und Lucille zogen wieder zusammen, und gemeinsam kam die junge Familie bei Lucilles Schwester Dolores unter, die mit ihren drei Töchtern in einem Haus in Seattle lebte. »Sie lebten wie in den Flitterwochen, denn sie waren ja zum ersten Mal wirklich zusammen. Jede Nacht gingen sie aus, amüsierten sich, und wahrscheinlich war es die einzige gute Zeit, die Jimi erlebte. Er bekam Liebe und Aufmerksamkeit, und wir waren eine gute Familie«, erzählte Dolores.

3 Jimi mit seinen Eltern Lucille und Al Hendrix

Für den Jungen begann allerdings ein völlig neues Leben: Herausgerissen aus seiner vertrauten Umgebung, lebte er nun zusammen mit seinem leiblichen Vater in einer neuen Stadt und bei einer neuen Familie. Und er erhielt auch einen neuen Namen. Mit Amtsstempel vom 11. September 1946 ließ Al den Namen seines Sohnes von John Allen Hendrix in James Marshall Hendrix umändern. James hieß er selbst mit erstem Namen; den Zweitnamen Marshall erhielt der Junge in Erinnerung an Als ältesten, verstorbenen Bruder Leon Marshall.

Die Kinder in der Schule lachten, wenn ich Tücher und Ponchos trug, die sie gemacht hatte ... Als ich klein war, bekam ich von ihr eine mexikanische Jacke mit Troddeln. Ich trug sie jeden Tag, auch in der Schule, egal, was die Leute dachten.

Jimi Hendrix über die selbstgemachte »Mode« seiner Großmutter

Im Jahr 1947 zog die junge Familie in eine eigene kleine Sozialwohnung, und am 13. Januar 1948 wurde der zweite Sohn, Leon Morris, geboren. Doch das gemeinsame Familienleben währte nicht lange, und wieder wurden die Kinder herumgereicht. Eine Zeitlang lebte Jimi in Vancouver bei Als Schwester Patricia, ging dort zur Schule und hatte engen Kontakt zu seiner Großmutter. Auch später verbrachte er noch viele Sommerferien bei ihr im Reservat in Vancouver.

Nachdem Als Armeerente aufgebraucht war, hielt er seine Familie mit Gelegenheitsjobs über Wasser. Lucille ließ nach wie vor keine Möglichkeit aus, die Nächte durchzutanzen, sich zu betrinken und Spaß zu haben. Kein Wunder, daß Streit, Auseinandersetzungen und chronischer Geldmangel an der Tagesordnung waren – zumal weitere Kinder die Familie vergrößerten: 1949 kam der dritte Sohn, Joseph Allen, zur Welt; ihm folgten zwei Töchter, Cathy Ira (27. September 1950) und Pamela Marguerite (27. Oktober 1951). Beide Töchter wurden zur Adoption freigegeben.

Am 5. September 1949 wurde Jimi in die Dawson Annexe Elementary School eingeschult. Al bestand darauf, daß Jimi, obwohl Linkshänder, alles mit der rechten Hand tat. Linkshänder wurden damals als abnormal betrachtet, und man versuchte, ihnen diese Angewohnheit abzuerziehen.

Am 17. Dezember 1951 wurden Al und Lucille geschieden. Al erhielt das Sorgerecht

4 Jimi und sein jüngerer Bruder Leon (1950)

für seine Söhne, gab den Jüngsten, Joseph, aber zu Pflegeeltern. Und immer mal wieder – meist mitten in der Nacht,
betrunken und mit ihrer neuesten Eroberung am Arm –
tauchte die Mutter auf, wirbelte ihre Kinder herum und herz-
te sie, um anschließend wieder für Monate zu verschwinden.

Jimis Schulleben verlief so ungeordnet und wirr wie alles,
was er bis dahin erlebt hatte; ständig wurde er umgeschult.
Er war ein durchschnittlicher Schüler und ein hervorragender
Sportler. Sein Lieblingsfach aber war Kunst. Hier konnte er
sich in phantasievollen Malereien verlieren. Überhaupt war er
ein phantasiebegabtes Kind, das sich am liebsten immer ganz
weit weg träumte: »Als Kind habe ich immer Szenen auf anderen Planeten gemalt, ›Sommernachmittag auf der Venus‹
und so etwas. Ich wollte nie zum Mond, aber ich wollte immer zur Venus oder zum Saturn. Irgendwohin, wo ich so etwas wie diese Landschaft vorfinden würde.«

Die Nachmittage verbrachte er mit seinem besten Freund
James Williams, seinem Bruder Leon und ihrem Hund Prince.
Unbeaufsichtigt stromerten sie durch die Stadt, ließen sich
von Obstpflückern mit Donuts verwöhnen, halfen selbst für
einen Dollar die Stunde beim Bohnenpflücken, fuhren wie
Vagabunden mit den Güterzügen durch die Stadt. Seinen Vater sah er nicht oft. Ab und zu »fühlte ich mich so elend, daß
ich von Zuhause weglief. Wenn mein Vater das herausbekam,
wurde er fuchsteufelswild vor Sorge. Er schlug mich ins Gesicht, und ich rannte weg.« Als Alleinverdiener mußte Al seine Söhne größtenteils sich selbst überlassen. Oft allerdings
ging er nachts noch in Spielhöllen und war froh, wenn sich jemand bereit erklärte, die Kinder zu versorgen. Eine Zeitlang
kam seine Schwester Pat, häufig waren die Söhne bei Als Bruder Frank und dessen Familie, aber auch bei diversen Freunden und Verwandten.

Ich konnte nur selten mit ihm spielen, weil ich immer arbeitete. Ich hatte
damals zwei Jobs. Also sah ich ihn nur am Morgen, denn wenn ich
abends nach Hause kam, schlief er schon. Sonntags hatten wir etwas Zeit
zusammen, nachdem seine Großmutter mit ihm in der Sonntagsschule
war.

James Allen Hendrix über seinen ältesten Sohn

Nichts im Leben des jungen Jimi war beständig, nichts hielt an, weder Personen, noch Orte, noch Lebensumstände blieben je konstant. Die einzige Konstante in seinem jungen Leben war der Wechsel. Dies verstörte den empfindsamen Jungen; er zog

sich in sich selbst zurück, wurde ein verschlossenes Kind und stotterte zeitweilig sogar. Dabei war Jimi eigentlich kein schüchternes Kind. Gezwungen, seine Emotionen zu unterdrücken, ließ er ihnen auf andere Art und Weise in geradezu extremer, schriller Weise freien Lauf: »Er fuhr mit einem Fahrrad, das mit Fuchsschwänzen, Lichtern und Spiegeln geschmückt war. Er war völlig schwarz gekleidet«, erinnert sich ein Freund seines Bruders Leon.

Seine Mutter Lucille, die am 23. Dezember 1957 erneut geheiratet hatte, landete immer wieder im Krankenhaus, da sie ihrer schwachen Gesundheit mit ihrem extremen Lebensstil und der Trinkerei weiter Gewalt antat. Dazu kam, daß auch ihre männliche Gesellschaft nicht gerade zimperlich mit ihr umging; nicht zuletzt von ihrem Mann wurde sie mehrmals verprügelt. Al versuchte den Kontakt zwischen Lucille und den Kindern so weit wie möglich zu unterbinden. So war es ihre Tante Patricia, die die beiden Brüder ab und zu heimlich zu einem Besuch dorthin brachte. Am 2. Februar 1958 – Jimi war erst 15 – starb Lucille an Leberzirrhose und Milzriß. Weder Al noch die Kinder kamen zu ihrer drei Tage später stattfinden-

5 Jimi war während seiner Schulzeit ein begeisterter Sportler

den Beerdigung: Al hatte es verboten. Nach ihrem Tod zog Al zu seiner langjährigen Freundin Willene und deren Tochter Willette in deren Wohnung in der 26th Street.

Auch wenn Jimis Kontakt zu seiner Mutter unregelmäßig und sporadisch war, traf ihr Tod ihn schwer. Trotz allem war sie die wichtigste weibliche Bezugsperson für ihn geblieben, und später wurde sie für ihn zu einem Mythos; ihre Lebendigkeit und Leichtlebigkeit prägten sein Frauenbild.

Jimi aber entdeckte im Jahr, in dem seine Mutter starb, seine »Stimme«: die Gitarre! Bereits im Alter von vier Jahren hatte er sein erstes Instrument geschenkt bekommen: eine Mundharmonika. Kurz darauf versuchte er es mit einer abgewetzten Ukulele und später mit einer Violine. Jetzt drängte er seinen Vater, ihm für fünf Dollar seine erste Gitarre zu kaufen. Zunächst hatte Jimi enorme Schwierigkeiten mit dem Instrument: Er konnte zwar mit rechts schreiben, aber mit rechts spielen konnte er nicht; mit einer Gitarre, auf der die Saiten normal aufgezogen waren, kam er nicht zurecht. Es dauerte eine Weile, bis er darauf kam, die Saiten zu vertauschen, das Instrument wieder richtig zu stimmen und verkehrt herum zu spielen. Und das tat er geradezu mit Besessenheit. Er konnte keine Noten und brachte sich das Gitarrespielen anhand der Schallplatten seines Vaters selbst bei. »Ich hatte B.-B.-King- und Muddy-Waters-Singles, die Jimi hörte. Er spielte sie ständig ab und zupfte dazu auf der Gitarre herum.«

Der Blues hatte Jimi von Kindesbeinen an begleitet: Feierten seine Eltern eine Party, hörte der kleine Jimi in seinem Schlafzimmer die Musik. Jimi versuchte, wie Muddy Waters und Chuck Berry zu spielen, und schon bald war er der Meinung, daß er unbedingt eine E-Gitarre brauchte. Al gab nach und erstand gleichzeitig für sich ein Saxophon: Eine Zeitlang musizierten Vater und Sohn gemeinsam, kamen sich durch die

James, der Sohn unserer Vermieterin, saß öfter auf der Veranda unseres Hauses und spielte Bluessongs auf einer Gitarre. Jimmy hörte ihm zu und begann sich für Gitarren zu interessieren. Eines Tages sagte er zu mir: »James will mir seine Gitarre für 5 Dollar verkaufen, und ich will sie haben.«

James Allen Hendrix

Musik näher. Diese bildete eine Brücke der Verständigung zwischen ihnen. Sogar sein Vater erkannte den Stellenwert, den die Musik in Jimis Leben einnahm. »Jimmy zeichnete und malte auch viel. Er hatte das nötige Talent und die schlanken Finger dazu. Er spielte mit dem Gedanken, kommerzieller Künstler zu werden, aber dann packte ihn die Musik. Ich war froh darüber, denn Musik war etwas, was er wirklich liebte.«

Für Jimi wurde die Musik mehr als eine Freizeitbeschäftigung, die Gitarre mehr als lediglich ein Instrument. Für ihn war sie ein Ausdrucksmittel. Was er nicht in Worte fassen konnte und wollte, sagte seine Gitarre für ihn. »Meine Musik ist mein persönliches Tagebuch. Ein Ventil zur Freilassung meiner inneren Gefühle und Aggressionen, für Zärtlichkeit und Mitleid, einfach für alles«, sagte er später.

Als der Rock'n'Roll 1955 die Welt erschütterte, war Jimi noch zu jung, um ihn zu erfassen. Und 1958, als Jimi bewußt begann, Musik zu hören, waren die wildesten Zeiten schon fast vorüber. Doch eines war auch an ihm nicht vorbeigegangen: Auf einmal waren schwarze Musiker präsent! Bis auf einige wenige Big-Band-Musiker wie Duke Ellington und Count Basie waren schwarze Musiker vor 1958 nicht in weißen Radiosendern gespielt worden. Einen schwarzen Radiosender aber gab es in Seattle nicht. Noch bis in die vierziger Jahre firmierte schwarze Musik unter dem Begriff Race Music, der erst später den wertfreieren Namen Rhythm and Blues erhielt. Wer schwarze Musiker hören wollte, mußte sich deren Platten kaufen – was Al zu Jimis Glück immer getan hatte – oder die Konzerte besuchen. In Seattle spielten Bluesmusiker wie Muddy Waters und B. B. King im Washington Social Club, Rhythm-and-Blues-Künstler wie Little Willie John im moderneren und jüngeren Birdland. Zwar gab es in den Clubs keine Rassentrennung, doch besuchten Schwarze und Weiße unterschied-

Ich war oben, während die Erwachsenen ihre Parties hatten und Muddy Waters, Elmore James, Howlin' Wolf und Ray Charles hörten …
Der erste Gitarrist, an den ich mich bewußt erinnere, war Muddy Waters. Ich hörte eine seiner alten Platten, als ich ein kleiner Junge war, und sie erschreckte mich zu Tode. Wow, was geht denn hier ab?

Jimi Hendrix

liche Kneipen: Die schwarzen Clubs befanden sich im Central District, zwischen Union, Madison und Jackson Street; im Spanish Castle in der Nähe des Flughafens traten hauptsächlich Big Bands auf.

Die Situation der Schwarzen und auch deren Selbstbewußtsein änderte sich in den fünfziger Jahren zunehmend. 1955 hatte Martin Luther King sich an vorderster Front für die Rechte der Schwarzen eingesetzt und den Busstreik in Montgomery, Alabama, angeführt. Anlaß für den fast 400 Tage dauernden Boykott war damals die Inhaftierung der Farbigen Rosa Parks, die sich geweigert hatte, ihren Sitzplatz für einen Weißen zu räumen. Der Erfolg zeigte sich darin, daß der Oberste Gerichtshof 1956 die Rassentrennung in öffentlichen Verkehrsmitteln für gesetzwidrig erklärte. So eroberten sich die Schwarzen zunehmend ihren Platz in der amerikanischen Gesellschaft und im Bewußtsein des gesamten Landes, bis hin zur Musik.

Jimis eigene musikalische Interessen waren breit gefächert. »Ich hörte damals (die weißen Rock'n'Roll-Sänger) Buddy Holly und Eddie Cochran ebenso wie (die schwarzen Blues-Musiker) Elmore James und B. B. King«, erzählte Hendrix. »Und natürlich den Blues. Muddy Waters war der erste Gitarrist, den ich wirklich wahrnahm.« Auch der erdigere Blues aus dem Mississippi-Delta und Gitarristen wie The Howlin' Wolf, John Lee Hooker und Jimmy Reed gehörten zu Jimis frühesten Einflüssen.

6 Chester Arthur Burnett (1910–1976), genannt The Howlin' Wolf (»Der heulende Wolf«), spielte bis 1941 in den zahlreichen Musikclubs des Mississippi-Deltas. Nach mehreren Jahren in der Armee bekam er 1952 in Chicago einen Plattenvertrag. Seine größten Erfolge feierte er in den fünfziger Jahren.

»Jimmy hatte die Vision, in einer Band zu spielen«, erinnerte sich Al Hendrix, »es war klar, daß er alles versuchen würde, diesen Traum zu verwirklichen.« Kaum kam er also auf der Gitarre einigermaßen klar, gründete er seine erste Band: The Velvetones. Über ein paar zögerliche musikalische Versuche kamen diese allerdings nicht hinaus und gaben nie ein gemeinsames Konzert. Im Sommer 1959 schloß sich der 16jährige dann der High School Band The Rocking Kings an – als Bassist. Einen Baß allerdings besaß er nicht und erzeugte die tiefen Töne daher auf einer normalen, sechssaitigen Gitarre. Die Rocking Kings spielten in erster Linie Rock'n'Roll-Songs nach – ihre Favoriten waren Lieder von den Coasters wie ›Searchin'‹ und ›Yakety Yak‹ – und traten damit rund um Seattle sowie weiter nördlich in Vancouver auf, denn dort gab es für Rock'n'Roll-Bands zahlreiche Auftrittsmöglichkeiten. Für den ersten Live-Auftritt erhielt Jimi eine Gage von 35 Cents.

Auf der Bühne wurde der ansonsten so schüchterne Jimi zu einem anderen Menschen. Schon immer hatte er sich von exzentrischem Bühnengehabe angezogen gefühlt; bereits die exaltierten Auftritte der Pentecostal-Prediger in der Kirche hatten einen nachhaltigen Eindruck bei ihm hinterlassen. Auch unter den Bluesmusikern waren es die Exzentriker, die es ihm besonders angetan hatten: Mississippi-Sänger Charlie Patton spielte seine Gitarre hinter dem Kopf, klemmte sie zwischen die Beine oder legte sich zum Spielen auf den Boden – ebenso Tommy Johnson: »Er setzte sich auf sie wie auf einen Esel, den er reiten wollte, und spielte sie auf diese Art

und Weise.« Eines seiner frühen Idole war der Rock-Saxophonist Jay McNeely, der auf der Bühne auf dem Rücken liegend spielte. Mehr und

7 McKinley Morganfield (1915–1983), genannt Muddy Waters, war Vorreiter des elektrischen Blues. Bereits 1944 trat er in Blues-Clubs auf. ›Rollin' Stone‹ wurde sein erster Hit. Er spielte Slide-Gitarre, sang dazu auf ungewöhnlich emotionale Art und erhielt in den siebziger Jahren diverse Grammy-Auszeichnungen.

mehr ging auch er selbst auf der Bühne aus sich heraus. Zwar trug er brav einen Anzug und war optisch noch weit von seinem bunten Hippie-Outfit entfernt, doch wurde er »immer ausgeflippter, steckte sich Federn an seine Gitarre, bemalte sie«, erinnert sich sein Bruder Leon. »Allmählich ging er damit allen Bands auf die Nerven.« Nicht zuletzt auch deshalb, weil er seine Bandkollegen auf der Bühne zunehmend in den Schatten stellte: Bei einem Open-Air-Konzert am Cottage Lake beeindruckte er die Zuhörer zum ersten Mal mit seinen Showeinlagen, spielte hinter dem Kopf und zwischen den Beinen.

Als Lokalmatadoren machten die Rocking Kings bald in Seattle Furore und spielten schnell auch jenseits der Stadtgrenzen überall im Staat Washington. Beim Wettbewerb um die »Beste Band des Staates« kamen sie 1960 auf den zweiten

8   Die Rocking Kings in der Washington Hall am 20. Februar 1960

Platz. Kurz darauf wurden sie fest von einem Club in Seattle engagiert.

Die Garfield High School in der 23rd Avenue besuchte Jimi nur gelegentlich. Kunst war nach wie vor das einzige Fach, das ihn interessierte. Nicht nur wegen der Thematik – auch wegen eines Mädchens. »Ich hatte in der Kunstklasse eine Freundin, und wir hielten die ganze Zeit Händchen.« Das Problem: Das Mädchen war weiß, und Jimi bekam Ärger. Von den vielen weiblichen Konzertbesuchern wurde er regelrecht umschwärmt – zum Leidwesen seiner Bandkollegen. Einmal kam es nach einer kurzen Affäre zwischen Jimi und der Freundin eines anderen Bandmitglieds zu handgreiflichen Auseinandersetzungen. Im Herbst 1959 lernte er seine erste feste Freundin, Betty Jean Morgan, kennen.

Ende Oktober 1960 verließ Jimi die Garfield High School ohne Abschluß mitten im letzten Schuljahr. Wiederholt hatte er sich wegen Mädchen oder seiner eher sporadischen Anwesenheit Ärger eingehandelt, und so ging er schließlich überhaupt nicht mehr hin. Außerdem kam er mit dem Gesetz in Konflikt und handelte sich seine erste Vorstrafe ein: Er wurde verhaftet, weil er einen gestohlenen Wagen fuhr.

9 Kinderzeichnung von Jimi Hendrix: der Gute Hirte mit seiner Herde

Armeezeit

Er glaubte, daß er eines Tages berühmt würde. Ich sagte zu ihm: Dann beeile dich, denn ich habe keine Lust mehr zum Arbeiten. Ich wußte, daß er ein guter Musiker würde«, behauptete Vater Al im nachhinein. Wahrscheinlicher jedoch ist, daß er ihn dazu drängte, zur Armee zu gehen.

Im Frühjahr 1961, mit 18 Jahren, meldete Jimi sich freiwillig zur Armee. Früher oder später hätte man ihn sowieso eingezogen, und als Freiwilliger konnte er sich sein Einsatzgebiet wenigstens aussuchen. Sein Vater befürwortete diese Entscheidung. »Jimmy sagte mir, er wolle zu den Fallschirmjägern«, erinnerte er sich. »Es machte mich stolz, daß er es wirklich zu etwas bringen wollte.« Als gehorsamer Sohn ließ Jimi sich von der Begeisterung seines Vaters anstecken.

Als Rekrut Nummer RA 19693532 trat er am 31. Mai 1961 seinen Militärdienst an. Kurz zuvor hatte er seiner derzeitigen Freundin Betty noch einen Verlobungsring geschenkt. Auch sei-

10 Jimi als Soldat. Fotografie vom 20. Juni 1961

ne rote Gitarre, auf die er ihren Namen geschrieben hatte, ließ er bei ihr zurück.

Die achtwöchige Grundausbildung absolvierte er in Fort Ord in Kalifornien. Nicht zuletzt reizte ihn die Herausforderung, seine Angst zu überwinden und mit dem Fallschirm aus 1000 m Höhe abzuspringen. Während andere Rekruten schon vor dem ersten Sprung aus zehn Metern Höhe kniffen, war Jimi sich ganz sicher, nicht freiwillig aufzugeben, was auch passieren mochte. Das Leben in der Armee unterschied sich nur geringfügig von dem, das er bisher gekannt hatte. Disziplin und Gehorsam war er von seinem Vater gewöhnt. Der einzige wesentliche Unterschied lag darin, daß er, der ungezügelte, freiheitsliebende Vagabund, der zeitlebens selbst darüber bestimmen konnte, wie er den Tag verbrachte, und der sich nie, weder durch schulische Verpflichtungen noch durch die Fürsorge seiner Verwandtschaft, in dieser Hinsicht hatte einengen lassen, damit leben mußte, daß über jede Minute seines Tages bestimmt wurde. Darüber hinaus wurden »alle – und ich meine alle! – meine Haare geschnitten, und ich muß mich rasieren«.

Am 8. November kam er in seine Wunschdivision, zu den »Screaming Eagles« in Fort Campbell, Kentucky. Seine Entscheidung, sich freiwillig zu melden, hatte sich gelohnt. Stolz schrieb er an seinen Vater: »Wenn ich doch nur endlich diese Screamin'-Eagles-Abzeichen und die der Luftwaffe tragen dürfte! Es ist eine schmucke Uniform!«

Jetzt stand auch der erste Sprung aus dem Flugzeug an, den er seinem Vater beschrieb: »Wenn du an der Tür des fliegenden Flugzeugs steht, fragst du dich, was mache ich hier eigentlich? Für den Bruchteil einer Sekunde durchzuckte mich der Gedanke: du mußt verrückt sein. Man ist vollkommen weggetreten und könnte gleichzeitig lachen und weinen. Und dann stehst du auch schon an der Tür, bist draußen, und es ist ooaaah!«

Zwei Wochen lang gibt es hier nur Fitnesstraining und Schikanen. Und wenn man dann zur Springerschule kommt, wird es erst richtig schlimm. Sie drillen dich zu Tode! Über alles, was man macht, regen sie sich auf. Und man muß 10, 15, 25 Liegestützen machen. Sie lassen wirklich die Fetzen fliegen. Die Hälfte der Leute gibt dann auf. So trennen sie die Männer von den Jungen. Ich bete, daß ich zu den Männern gehören werde.
Jimi Hendrix über die Grundausbildung

»Diese Springerei ist das Aufregendste, was ich je getan habe. Es macht genauso viel Spaß wie es aussieht.« In seiner gesamten Militärzeit spang Jimi 25 Mal. Über dem neuen Leben vergaß er sogar seine Gitarre! Weder zur Grundausbildung noch an seinen neuen Standort hatte er sie mitgenommen. Erst im Januar 1962 – er war bereits seit acht Monaten bei der Armee – bat er seinen Vater, ihm das Instrument zu schicken. Es war, als hätte er sein Ziel, das Screamin'-Eagles-Abzeichen, erreicht und besänne sich jetzt wieder auf das, was ihm wirklich wichtig war: die Musik. Im selben Moment erlahmte sein Interesse am Militärdienst, und er begann, die Armee sehr viel kritischer zu sehen. Anfänglich hatten die Ansichten seines Vaters Jimis Beziehung zum Militär geprägt, doch nach den eigenen Erfahrungen urteilte er im nachhinein über seine dreizehnmonatige Armeezeit: »Beim Militär kommandiert man dich die ganze Zeit herum. Sie sagen dir einfach, für was du dich zu interessieren hast, und lassen dir keine Wahl. Die Armee ist was für Leute, die es nötig haben, daß man ihnen sagt, was sie zu tun haben.« Jimi dagegen wußte ganz genau, wofür er sich interessierte, und es ärgerte ihn, daß »sie mich total von der Musik fernhalten wollten«.

Kaum hatte er die Gitarre wieder in den Händen, wandte er sich ihr mit der gleichen Obsession zu, die ihn auch schon früher ausgezeichnet hatte. So sah er sich schnell dem Spott seiner Mitrekruten ausgesetzt, die Jimis wunden Punkt weidlich ausnutzten. Andererseits aber lernte er dadurch Billy Cox kennen. Der hatte Baß gespielt und war mit Bands aufgetreten. Rasch fanden die beiden einen Draht zueinander, holten drei weitere Musiker dazu, und schon bald spielte ihre Soldatenband, die King Kasuals, in den Soldatenclubs um die Kaserne ein Programm aus aktuellen und bekannten Bluestiteln.

Dennoch blieb Jimi auch innerhalb seiner Band merkwürdig distanziert. »Eigentlich war Jimmy nie wirklich einer von uns«,

Die Leute hörten gerne Sachen, die gerade angesagt waren. Jimis Gitarrenspiel war immer im Blues verwurzelt … Seine Lieblingsmusiker waren Muddy Waters, Howlin' Wolf, Lightnin' Hopkins, Albert King, B. B. King und ganz besonders Slim Harpo. Diese Bluesmeister beeinflußten ihn schon sehr früh, und die meisten der Songs, die wir spielten, stammten von ihnen.

Billy Cox

schrieb der Saxophonist Charles Washington. »Er konzentrierte sich auf seine Musik. Während wir den üblichen Small-talk machten, den Musiker drauf haben, blieb er für sich. Wenn wir nach ihm sahen, starrte er irgendwohin. Man kam nicht an ihn ran.«

Durch die Band kam Jimi wieder auf den Geschmack an der Musik und konzentrierte sich auf sein nächstes Ziel: die Armee so schnell wie möglich zu verlassen. Als er sich bei einem mißglückten Sprung den Fuß brach, bauschte er den Unfall auf und gab vor, auch am Rücken verletzt zu sein – »bei jeder Untersuchung stöhnte ich, bis sie es mir glaubten«.

Im Juli 1962 wurde er entlassen. Sein Entlassungsgeld brachte er an einem einzigen Abend fast vollständig in einem Jazzclub durch. Für die Heimfahrt am nächsten Tag reichte das Geld nicht mehr. Nicht, daß er unbedingt heim wollte, nicht nach Seattle, nicht zurück in die alte Welt seiner Jugend. Sondern vorwärts – in die Welt der Musik.

11 Jimi und Billy Cox nach ihrer Entlassung aus der Armee

Nashville und Provinztourneen

Jimi blieb in Clarksville und wartete zwei Monate auf die Entlassung seines Kumpels Billy. Gemeinsam zigeunerten die beiden herum, lebten mal zusammen mit ihren Freundinnen – Jimi war mit einem Mädchen namens Joyce Lucas zusammen – in einem Haus, zogen dann nach Indianapolis weiter, übernachteten zum Teil im Auto, traten mit den neugegründeten King Kasuals im W&W-Club und in diversen anderen Kneipen in Clarksville auf.

»Er schrieb mir, daß die Clubbesitzer ihn und seine Band manchmal aus dem Gefängnis freikaufen mußten, weil sie sich in einem Teil des Theaters aufgehalten hatten, der für Weiße reserviert war. Die Polizei verhaftete sie dann des öfteren, die Bosse kauften sie frei und zogen das Geld von der Gage ab«, berichtete Vater Al.

12 Jimi mit Joyce Lucas

Im Oktober 1962 landeten sie schließlich in Nashville, Tennessee, einer der Musikmetropolen der USA. Hier gab es nicht nur Country-&-Western-Musik, sondern auch Blues und Rock'n' Roll. Nashville besaß zahlreiche Clubs und Musikkneipen, in denen sich junge Bands ihre Sporen verdienen konnten. Die

Nashville, Tennessee, war und ist die Hauptstadt des Country & Western. Aus folkloristischen Musikformen des US-Südens und Mittelwestens (Bluegrass, Hillbilly) entwickelten Nashville-Musiker seit den vierziger Jahren einen Schlagerstil, der 1989 von mehr als 2000 US-Rundfunkstationen ausgestrahlt wird.

schwarze Musikszene war vor allem in der Jefferson Street zu Hause.

Pleite kamen Jimi und Billy in Nashville an, schliefen unter freiem Himmel oder im Rohbau eines Häuserblocks. Jimi fand schnell ein Dach über dem Kopf – er schlüpfte bei seinen diversen Freundinnen unter: Neben Joyce traf er sich noch mit einem Mädchen namens Florence Henderson und der Barfrau Verdell Barlow.

Wenn es um Mädchen ging, war Jimi nicht zu halten – seine Wirkung auf Frauen war erstaunlich. Larry Lee, der zweite Gitarrist der King Kasuals, erinnerte sich: »Es machte mich völlig fertig, daß Jimmy oft, wenn er ein Mädchen tanzen sah, seine Gitarre fallen ließ, mit ihr aufs Zimmer verschwand und mich bat, für ihn einzuspringen. Das ging mir total auf die Nerven. Als ich Jimmy traf, war ich kein Leadgitarrist … Aber auf diese Weise wurde ich einer!«

In Nashville hatte Jimi einen regelrechten Fanclub: Einige Mädchen kamen zu allen Konzerten der Band und begannen, sich um ihn zu kümmern, für ihn zu kochen und die Löcher in seinen Sachen zu stopfen. Sie hingen ständig um den schlaksigen Gitarristen herum und versuchten, ihm jeden Wunsch von den Augen abzulesen. Mädchen waren auch das Einzige, was ihn von der Musik abbringen konnte. Sonst spazierte er mit der umgehängten Gitarre durch die Stadt, schlief mit ihr, und »sobald er loslegte, hatte er nur noch eines im Kopf«. Bald schlossen sich Jimi und Billy einer Gruppe namens The Imperials an, die regelmäßig Auftritte in den Clubs von Nashville bekam. Darüber hinaus ließen sie die King Kasuals wieder aufleben – allerdings in neuer Besetzung – und traten vorwiegend im Del Morocco auf.

Im Vergleich zum eher provinziellen Seattle war Nashville eine ungeheure Erfahrung. »In Nashville habe ich wirklich Spie-

Dort begann ich, mich wirklich für die Szene zu interessieren. Ich hörte mir einfach an, wie die Leute die Bluesgitarre spielten, und ich fand es klasse … Die Leute da unten waren auch schwer zufriedenzustellen. Dort unten im Süden gab es das härteste Publikum, denn sie hören den Blues die ganze Zeit … Da hungert sich in irgendeinem coolen Club vielleicht ein Typ zu Tode, und er kann der beste Gitarrist sein, den du je gehört hast, und du weißt vielleicht noch nicht einmal seinen Namen.

Jimi Hendrix

len gelernt!« zog Jimi im August 1967 Resümee. »Jeder kann dort Gitarre spielen – wenn man die Straße runtergeht, sitzt auf jeder Veranda einer, der Gitarre spielt – und das Publikum ist entsprechend verwöhnt.« Intensiv beschäftigte Jimi sich hier mit Musik: Er übte, gewann an Erfahrung und experimentierte, probierte sein Spiel und seinen Sound aus. Meist war es der Klang, der ihn besonders faszinierte. Ob er bei seinem Weg aus der Menge zurück auf die Bühne mehr oder weniger zufällig Rückkopplungen erzeugte oder sich bei einem Auftritt der Lautsprecher verstellte – sobald sich der Sound veränderte, war er ganz aus dem Häuschen: »Hör dir diesen Klang an, Mann, das ist was anderes, hör dir diesen Sound an.« Mehr und mehr begann er diesen ungewöhnlichen, verzerrten Sound bewußt zu erzeugen und einzusetzen. Auch seine Soli wurden immer extravaganter – und länger.

Doch nicht nur seine Fertigkeiten auf der Gitarre, sondern auch seine Bühnenperformance entwickelte sich in Nashville. Ursprünglich bewegte er sich auf der Bühne gar nicht und lehnte jede Art von Mätzchen ab. Nach und nach aber probierte er verschiedene Tricks aus und überlegte sich Elemente, die die Zuschauer fesseln und begeistern würden. Er begann mit den

13   Jimi und Billy Cox im Pink Poodle Club in Clarksville, Tennessee

Zähnen zu spielen, stieg auf einen Gitarrenverstärker und spielte von dort oben oder lief – mit einem langen Kabel versorgt – von der Bühne ins Publikum. Als er merkte, daß die Showeinlagen bei den Zuhörern gut ankamen, blühte er auf!

Noch mehr Erfahrung bekam er – nachdem er bei seiner Großmutter Nora in Vancouver überwintert hatte – in den nächsten Monaten: Mit George Odells Tourband tingelte er vom Frühjahr 1963 bis Ende des Jahres durch die Lande, auf billigen Provinztourneen. Eine harte Schule! Die Band fungierte dabei als Begleitband für diverse Blues- und vor allem Soul-Stars. Meist traten mehrere Sänger hintereinander jeweils 20 Minuten lang auf. So lernte Jimi Soulstar Jackie Wilson, Salomon Burke und Sam Cooke kennen und studierte in erster Linie ihr Bühnenverhalten: die Art, wie sie mit dem Publikum umgingen, es packten, bewegten, aufheizten. Das stand am Ende auf den Stühlen, »und schrie jedesmal derart, daß ich nicht ein einziges Mal sein Schlußstück hören konnte«, erinnerte sich Jimi an die Auftritte von Sam Cooke.

Die Tourneen verliefen immer nach dem gleichen Schema: Direkt nach dem Konzert ging es in den Tourbus und mehrere hundert Kilometer weiter in die nächste Stadt. Dort hing die Band herum, spielte Karten, rauchte, fachsimpelte über Musik oder gabelte Mädchen auf. Jimi blieb allerdings außen vor. Er mochte körperlich präsent sein, doch in Gedanken war er es nicht. Er zog sich zurück, lebte wie in einem Kokkon, und niemand konnte an diesen rühren.

Im Winter 1963 verbrachte er abermals mehrere Monate bei seiner Großmutter Nora in Vancouver. In der kanadischen Metropole hatten sich einige neue Musikclubs etabliert, in denen er bald regelmäßige Sessions spielte.

Sam Cooke wurde 1931 in Chicago geboren, sang anfangs in der Kirche, bevor er mit Gospelgruppen durch Amerika tourte und eine eigene Gesangsgruppe, die Soul Stirrers, gründete. 1956 nahm er einige Popsongs auf; ›I'll Come Running Back To You‹ wurde ein großer Erfolg sowie 1959 ›Only Sixteen‹ und ›Wonderful World‹. Anfang der sechziger Jahre hatte er einen Hit nach dem anderen: ›Cupid‹, ›Twisting the Night Away‹, ›Bring it on Home to Me‹. Sein Einfluß auf schwarze Soulsänger war immens, aber auch der britische Sänger Rod Stewart und coverte seine Songs.

New York – Harlem

Als Jimi Anfang 1964 nach Nashville zurückkehrte, kam nach dem Konzert ein Veranstalter auf ihn zu und versprach ihm, in New York einen Star aus ihm zu machen. Hendrix biß an – dann also New York! Statt ein Star wurde er jedoch zunächst arbeitslos, und als Schwarzer gab es für ihn nur einen Ort, an dem er in New York richtig war: Harlem.

Wieder war es eine Frau, die dem Provinzjungen unter die Arme griff und ihm die wesentlichen Kontakte ermöglichte: Fayne Pridgeon. Im Palm Café, dem In-Treff lokaler und überregionaler Musikgrößen in Harlem, lernte Jimi die schwarze Sängerin kennen. Der gutaussehende Neuling fiel der ehemaligen Freundin von Sam Cooke gleich ins Auge, und schon am ersten Abend gingen sie miteinander nach Hause und »sprangen auf die Matraze«, wie Fayne 1982, fast 20 Jahre später, erzählte. Jimi zog bei ihr ein: »Das war einfach, denn seine ganzen Habseligkeiten hatte er im Gitarrenkoffer.«

Fayne beobachtete eine große Zerrissenheit in ihm: »Er war so gequält und einfach so zerrissen, als ob er von etwas wirklich Bösem besessen gewesen wäre … Er redete oft davon, daß ein Teufel in ihm sei oder irgend etwas, über das er keine Kontrolle hätte.«

Gelegentlich sorgte dieser Dämon auch dafür, daß der sonst so zurückhaltende und höfliche Mensch zum rasenden Choleriker und sogar gewalttätig wurde – gegen andere Männer ebenso wie gegen Fayne! Seine Dämonen waren ein Teil seiner selbst – ein fremder Teil, den er selbst nicht mehr kannte. Wahrscheinlich waren es seine Lebendigkeit, seine Gefühle,

---

Einst war **Harlem** das Vorzeigeviertel reicher Weißer, und in den goldenen zwanziger und dreißiger Jahren die Ausgehmeile New Yorks mit dem berühmten Cotton Club. Später eroberte der Bebop von hier aus die Stadt. Aus dem sechs Meilen langen Stadtteil wurde später ein heruntergekommenes Schwar-zenviertel, in dem Korruption, Gewalt und Drogen herrschten. Doch immer noch war Harlem ein Zentrum der Musik, vor allem am Broadway sowie an der 125th Street.

die er in sich verschlossen hatte. Immer hatte er sie und sich zurückgehalten, hatte sein wahres Ich, die Frechheit, Lebendigkeit, Spontaneität eines Kindes hinter einem schweigsamen, schüchternen und gehorsamen äußeren Benehmen versteckt. So sehr und so gut versteckt, daß niemand – am wenigsten er selbst, dahinterblicken und sie erkennen konnte. Er sah nur, daß die Emotionen auf der anderen Seite der Mauer manchmal die Oberhand gewannen und er Dinge tat, sagte und fühlte, die ihm fremd waren, die er schon als kleiner Junge abgekoppelt und in die Welt hinter der Mauer verdammt hatte.

Fayne war in Harlems Szene sehr bekannt, die Beziehung zwischen der Sängerin und dem neuen talentierten Gitarristen erregte in der lokalen Musikszene Aufmerksamkeit und öffnete auch für Jimi einige Türen. Als Studiogitarrist machte er seine ersten Aufnahmen für den Saxophonisten Lonnie Youngblood (er nahm mit ihm die Songs ›Wipe the Sweat‹ und ›Under the Table‹ auf) und trat bei den berühmten *Amateur Nights* im Apollo auf. Und auch wenn dies Amateur-Nacht hieß – hier kam längst nicht jeder auf die Bühne – und schon gar nicht ungeschoren wieder herunter. Die Zuhörer waren kritisch und gnadenlos; wer nicht gefiel, konnte froh sein, wenn er lediglich ausgebuht wurde und nicht Flaschen oder Stühle auf die Bühne flogen. Überzeugte ein Künstler jedoch, schloß ihn das Publikum ebenso enthusiastisch ins Herz – die Karriere so mancher Stars begann hier! Jimi ging als Sieger aus der *Amateur Night* hervor – und erhielt neben tosendem Applaus 25 Dollar.

Als im Frühjahr 1964 die Isley Brothers in der Stadt waren, hörten sie von dem Talent aus Seattle und luden Jimi zu einer Probe ins Palm Café ein. Sie suchten gerade einen neuen Gitarristen für ihre bevorstehenden Konzerte in Kanada und auf den Bermuda-Inseln, und Hendrix bekam den Zuschlag. Zum

Das **Apollo Theater** wurde 1934 an der 125th Street des New Yorker Schwarzenghettos Harlem gegründet. Es galt lange als Mekka des schwarzen Show-Business in den USA. Nahezu alle prominenten schwarzen Entertainer Amerikas haben einmal oder wiederholt in den bereits zur Mittagszeit beginnenden Shows gespielt. In den fünfziger und sechziger Jahren gaben sich die Stars des Soul hier die Klinke in die Hand. Dennoch wurde das Apollo 1976 vorübergehend geschlossen, Ende 1980 jedoch zum nationalen Denkmal erklärt.

ersten Mal schnupperte Jimi hier Profiluft, bekam einen Eindruck davon, wie das Leben auf Tournee und als Musiker
wirklich sein konnte. Er verdiente 30 Dollar am Abend und
erhielt seine Saiten und einen Teil seines Bühnenoutfits bezahlt. Das für ihn größte Erlebnis war das Konzert mit den Isley Brothers im ausverkauften Baseballstadion auf dem Insel-
staat, bei dem die Isley Brothers auch als Begleitband für die
anderen Stars fungierten.

Die Isley Brothers mochten Jimi und gestanden ihm auf der
Bühne sogar gewisse Sonderrechte zu. Normalerweise bestand ihr Bühnenoutfit aus Mohair-Anzügen, weißen Hem-
den und polierten Schuhen. Jimi schlang sich ab und zu einen
Schal um Arm oder Bein oder trug einen Kettengürtel – weiter durfte die Extravaganz nicht gehen. »Wie ich diese Mo-
hair-Anzüge hasse!« schimpfte er später. »Wenn unsere
Schnürsenkel unterschiedlich waren, mußten wir fünf Dollar
Strafe zahlen. O Mann, wie ich das alles leid war!« Und das
ihm, der schon als Kind am liebsten mit Großmutters indianischen Jacken herumgelaufen war.

Sechs Monate lang spielte und tourte Jimi mit den Isley
Brothers – nahm mit ihnen unter anderem auch die Single
›Testify (Parts I and II)‹ auf – und blieb doch auch hier der
unnahbare, zurückgezogene »Schleicher«, wie die Band ihn
nannte, weil er immer so leise umherging. Für sie blieb er ein
»Mann ohne Eigenschaften«: Er war freundlich, höflich, ru-
hig. Er ging nicht aus sich
heraus (außer auf der Bühne)
und zeigte keine Leiden-
schaften, keine Gereiztheiten,
keine Launen, keine Interessen. Kurz, er bot niemandem
auch nur die geringste An-

14 Die **Isley Brothers** wurden in
den frühen fünfziger Jahren als Gos-
pel-Quartett mit den Brüdern Ron-
ald, Rudolph, O'Kelly und Vernon
Isley in Cincinnati gegründet. 1955
starb Vernon, und sie gingen als Trio
nach New York. Ihr größter Erfolg
wurde 1969 die Funk-Single ›It's
Your Thing‹.

griffsfläche. Er hatte sich in einen glatten, unnahbaren Kokon gehüllt und erlaubte niemandem einen Blick dahinter. Einzig die Gitarre und die Musik wurden zum Ventil seiner unterdrückten Persönlichkeit.

Normalerweise war Jimi in seinen Sätzen einsilbig und wortkarg, und nur über die Musik konnte man ihn erreichen. Da wachte er plötzlich auf, wurde lebendig, engagiert und interessiert.»Und er setzte sich hin und erklärte uns alles. Darüber hinaus spielte er ununterbrochen, die ganze Zeit. So wie die Sonne schien, so spielte Jimmy Gitarre«, berichtete Bandmitglied Ernie.

Dabei scheint es sich auch nicht um die später so häufigen Übertreibungen und Mystifikationen zu handeln – nur durch ständiges Leben mit dem Instrument, durch Probieren und Arbeiten erreichte Jimi das Niveau, das ihn so berühmt machen sollte. »Er übte immer wieder dieselben Phrasen, von innen nach außen, zerlegte sie in halbe Noten, in Viertelnoten, spielte sie langsam oder schnell.« Zweifelsohne war Jimi ein Naturtalent, aber nur diese völlige Hingabe an sein Instrument, das Leben mit ihm und durch es machten sein Spiel zu etwas so Einzigartigem. Seine Gitarre war für ihn kein Ding außerhalb seines Selbst, sondern ein Teil von ihm und seinem Inneren. Sie war seine Seele; wenn er spielte, floß die Musik aus ihm heraus. Und nur durch das intensive Üben waren seine Finger auch in der Lage, seine Stimmungen, Gefühle, Empfindungen wirklich in Melodien und Klänge umzusetzen. Durch sie sprach er, manchmal sogar im wahrsten Sinne des Wortes: »Wie geht's dir, Jimmy? – Baadii dada doo, antwortete die Gitarre. Ist es kalt draußen? – Wheeooooow.«

Auf Dauer fand Jimi daher in dem Job als Backing-Musiker wenig Befriedigung. Musikalisch paßte seine Persönlichkeit nicht zum Sound der Isley Brothers. Außerdem wollte er auf

---

Plötzlich hörte es sich an, als ob draußen (auf der Bühne) ein Aufstand im Gange sei. Wir vermuteten, daß es sich um den Beifall für eine der lokalen Bands handelte, die hier einen Riesenhit haben mußte. Aber dann kam ein Typ in die Garderobe und meinte, wer ist dieser Bursche da draußen? Wir gingen raus und sahen, wie Jimmy auf der Bühne kniete und seine Gitarre leckte. Die Menge tobte.

Ronnie Isley

der Bühne selbst strahlen, der Star sein, im Vordergrund stehen und – vor allem – seine Musik machen, auf seine Art. Nach einem Auftritt in seiner ehemaligen Wahlheimatstadt Nashville verließ Jimi im Oktober 1964 die Band.

Er blieb in Nashville, spielte in Clubs und Bars, nahm mit Steve Cropper von der Band Booker T. and the MG.s ein Demoband auf, lernte seine großen Idole Albert King und B. B. King kennen. Abermals heuerte er in einer Begleitband an, tourte diesmal mit Sam Cooke (bevor dieser am 11. Dezember 1964 erschossen wurde) und schließlich – in der ersten Hälfte des Jahres 1965 – mit *dem* Helden des Rock'n'Roll: Little Richard. Dazu nahm er den Künstlernamen Maurice James an.

Little Richard, der extravagante Prediger, der bei seinen Rock 'n'Roll-Shows regelrecht in Ekstase geriet, hatte seinem Dienst im Sinne Gottes (Soul) wieder abgeschworen und tobte abermals mit seiner »Teufelsmusik« über amerikanische Bühnen. Was Jimi an ihm liebte, war sein Bühnenoutfit. Bisher kannte er nur Bands, die in Anzug und Krawatte auftraten. Zwar gehörten diese auch zu Richards Standardgarderobe, doch peppte er sie mit Haarbändern, bunten Tüchern, pompösen Rüschenhemden, wild hochtoupierten Haaren und tonnenweise Schminke auf. Kurz, er sah so aus, wie Jimi sich gerne gekleidet hätte.

Das Problem war nur: Little Richard war hier der Star! Und wenn er sich exzentrisch kleidete, hieß das noch lange nicht, daß auch sein kleiner Begleitgitarrist das tun durfte. Damals herrschte auch im Rock'n'Roll noch Zucht und Ordnung, und es war gang und gäbe, daß einem Begleitmusiker, der unordentlich oder unsauber auf der Bühne erschien, Geld von der Gage abgezogen wurde. Oft kam es deshalb zwischen Jimi und Little Richard zum Streit.

Auch musikalisch bot die Tournee für Jimi wenig Abwechslung und erst recht keine Herausforderung: Immer wieder

Der weiße Gitarrist **Steve Cropper** von der R&B-Band Booker T. and the MG.s hatte zwei Klassiker mitverfaßt: mit Otis Redding ›Dock of the Bay‹ und mit Eddie Floyd ›Knock on Wood‹. Die Gruppe ließ Elemente von Tanzmelodien und Blues einfließen, und Croppers Gitarrenriffs prägten ihren Sound.

wurden die gleichen alten Hits heruntergespielt, Improvisationen waren verpönt, Jamsessions gab es nicht. Für Jimi war Musik Ausdruck seiner Seele, doch wie sollte er ausdrücken können, was er empfand, wenn er die Songs anderer Leute spielte – und diese, wie damals im Rock üblich, immer auf dieselbe Art. Ob er schlechter oder guter Stimmung war, der Musik durfte das nicht anzuhören sein. Jimi dagegen wollte in der Musik leben.

Der Höhepunkt waren für ihn einige Sessions mit B. B. King. »Er war ein sehr ruhiger Typ, schüchtern, er öffnete sich nicht sonderlich«, erinnerte sich der Großmeister des Blues. »Ich habe mehrere Konzerte mit ihm gespielt, dadurch wurde es etwas besser, und wir haben uns ein paar mal unterhalten. Er war sehr höflich, ein sehr netter Kerl. … Er war damals schon gut, außergewöhnlich. Das Publikum mochte ihn, ich mochte ihn, und er war nicht nur auf, sondern auch hinter der Bühne beliebt.«

Nach einem Konzert in Nashville verpaßte Jimi, mehr oder weniger unabsichtlich, den Tourbus – und verließ auf diese Weise Little Richards Band. Jimi selbst sagte, daß Little Richard ihn seit fünf Wochen nicht bezahlt hatte. Dennoch spielte er auch später noch gelegentlich für ihn und nahm mit ihm ›I don't know what you've got but it got me‹ auf, eine Single, die im Oktober 1965 veröffentlicht wurde. Er spielte kurz für

---

15 **Little Richard** war einer der exzentrischsten Rock'n'Roll-Musiker. Seine Auftritte waren ekstatische grelle Orgien, und mit seiner kreischenden Stimme brachte er jeden Saal zum Kochen. Er wurde 1935 als Richard Penniman in Macon im Bundesstaat Georgia geboren. Im Februar 1956 landete er mit ›Tutti Frutti‹ seinen ersten Hit. Little Richard wurde mit allen erdenklichen musikalischen Auszeichnungen geehrt, und seine Kompositionen wurden von den Stars der sechziger Jahre gecovert. 1959 erklärte er plötzlich seinen Rücktritt, um nur noch als Laienprediger aufzutreten. Später sang er

Ike und Tina Turner (eine Zusammenarbeit, der Ike schnell ein Ende bereitete, als er erkannte, welche Wirkung Jimi auf Frauen hatte) sowie die Soulstars Sam and Dave, bevor er im Sommer 1965 nach New York zurückkehrte und wieder mit Fayne zusammenzog. Gemeinsam schnorrten sie sich durch, lebten bei Freunden, Faynes Mutter oder in schäbigen Absteigen. Glücklich war Jimi nicht: »Ich fühle mich hier ziemlich einsam«, schrieb er an seinen Vater. »Es geht mir gut, obwohl ich nicht jeden Tag was zu essen habe. Die Lage könnte schlimmer sein, aber ich schlage mich schon durch.«

Zwar suchte er abermals Engagements als Begleit- oder Studiomusiker, wurde aber auch bei Plattenfirmen vorstellig – seine Demoaufnahme im Gepäck – und versuchte so, als Solokünstler einen Fuß in die Tür zu bekommen. »So kann man sich einen wesentlich größeren Namen machen, als wenn man für andere spielt.« Sein Karriereziel, selbst ein großer Star zu werden, verlor er nicht aus den Augen. Ein weiteres Resümee seiner Erfahrungen war, daß ein Musiker singen muß, um sich zu profilieren und wirklich ein Star zu werden: »Und darauf werde ich setzen, da liegt das Geld.« Dabei war er sich seiner begrenzten Talente als Sänger durchaus bewußt. »Wenn ihr in ein paar Monaten eine Platte von mir hören solltet, die scheußlich klingt, müßt ihr euch nicht schämen«, schrieb er an seine Familie in Seattle. »Wartet lieber auf das Geld, das reinkommen wird!«

Im August 1965 erschien Bob Dylans Platte »Highway 61 Revisited«, und wie fast alle Musiker seiner Generation war Jimi völlig beeindruckt! Hier bewies ein Gitarrist und Sänger, daß die Menschen nicht nur Texte und Songs über Liebe, Triebe, Herzschmerz, Banalitäten und Platitüden hören wollten. Daß sie einem Sänger huldigten und zuhören wollten, der nicht wirklich singen konnte, sondern lediglich wenig verständ-

in erster Linie Gospels. Lange hielt er dieses enthaltsame Leben jedoch nicht durch und probte Mitte der sechziger Jahre sein Comeback. Vom Make -up bis zu den extravaganten Bühnenshows und dem selbstverliebten Gehabe hat etwa Prince Little Richard in vielen Einzelheiten kopiert.

lich zu den Klängen seiner akustischen Gitarre näselte. Und dessen Texte verstrickte, komplexe, schwer verständliche Meisterwerke waren. Die Themen von Dylans Songs berührten Jimi unmittelbar. Mit dem Refrain des Songs ›Like a Rolling Stone‹ – »Wie fühlt es sich an, ohne Heimat zu sein, wie ein völlig Unbekannter, wie ein rollender Stein« – konnte er sich voll identifizieren. Ebenso ging es ihm bei der ›Ballad of a Thin Man‹, einer Abrechnung mit einem ängstlichen Spießer, Mr. Jones – »Du gibst einen Scheck, den du von der Steuer abschreiben kannst, an Wohlfahrtsorganisationen … Du warst mit den Professoren zusammen, und sie alle mochten dein Aussehen, mit großen Anwälten hast du Aussätzige und Verbrecher diskutiert« – und bei ›Desolation Row‹, Dylans apokalyptischer, geschichtsgetränkter Analyse der amerikanischen Gesellschaft.

King George, der eine Zeitlang Jimis Wohnungsnachbar in Harlem war, erinnert sich: »Als ich 1965 nach New York kam, war Jimmy einer der ersten, deren Bekanntschaft ich machte. Wir wohnten am Rande von Harlem sogar Tür an Tür. Er verlor manchmal seinen Hausschlüssel und übernachtete dann bei mir. Jimmy spielte mir Bob Dylans Platten vor. Ich hatte vorher noch nichts von Dylan gehört. In Harlem spielte man in dieser Zeit ausschließlich Soul, das war hip. Mir gefiel Dylans Stimme zwar nicht, aber er war mehr oder weniger ein richtiger Poet. Da verstand ich, warum Jimmy so begeistert von ihm war. Jimmy liebte die Poesie, auch wenn das viele Leute, besonders in seinem schwarzen Umfeld, anscheinend nicht verstanden haben.« Im schwarzen Harlem nämlich stieß seine Begeisterung für den weißen Milchbubi mit seinen gräßlich gegrölten Songs auf völliges Unverständnis. »Ich fühlte mich verraten, als er ein Bob-Dylan-Album nach Hause brachte«, faßte Fayne zusammen. »Nicht nur seine Musik änderte

Bob Dylan wurde als Enkel jüdisch-russischer Immigranten 1941 in Duluth, Minnesota, als Robert Allen Zimmerman geboren. Unter dem Pseudonym Bob Dylan unterschrieb er zu Beginn der sechziger Jahre einen Plattenvertrag; bereits mit ›The Freewheelin' Bob Dylan‹ etablierte er sich 1963 als eigenständi-

ger, revolutionärer Songwriter. Durch seine anspruchsvollen Texte und seine Art der Darbietung – mit näselnder Stimme, akustischer Gitarre und Mundharmonika – wurde er zu einer Ikone seiner Generation. Insbesondere die Vorstellung, Rock könne als Vehikel für Texte mit literarischem Anspruch dienen, war

die Farbe, auch die Farbe seiner Freunde veränderte sich.« Jimi lebte zwar in Harlem, als schwarzer »Bruder« aber fühlte er sich nie, und diese Art von Verbrüderung interessierte ihn nicht. Er mochte einen Menschen oder er mochte ihn nicht. Und er mochte nicht automatisch alle Schwarzen, nur weil sie schwarz waren, wie er auch nicht automatisch alle Weißen ab-

lehnte, nur weil sie weiß wa-ren. Wenn es nun einmal ein Weißer war, der geniale Mu-sik machte und ihn im Inner-sten bewegte, dann war das für ihn völlig in Ordnung.

Jimi coverte später die Dy-lan-Songs, die ihm am mei-sten aus dem Herzen spra-chen, und transformierte sie in seine Sprache: ›Like a Rol-ling Stone‹, ›All Along the

16 Bob Dylan

Watchtower‹, ›Drifter's Escape‹ und ›Can You Please Crawl out Your Window?‹. Waren die Songs bei Dylan lediglich akustisches Geklimpere, gab ihnen Jimi ein eigenes anderes Leben; nirgendwo gelang ihm das so gut wie bei seiner wohl bekanntesten Coverversion ›All Along the Watchtower‹.

Der finanzielle Notstand zwang ihn abermals auf Tournee, und die Arbeit als Live-Musiker war für ihn immer noch die leichteste Art, um an das dringend benötigte Geld zu kommen. Diesmal spielte er mit Joey Dee and The Starlighters, die mit ›Peppermint Twist‹ vier Jahre zuvor einen Riesenhit gehabt hatten, nahm mit John Hammond, einem weißen Bluessänger der frühen sechziger Jahre, einige Songs für dessen Album ›So Many Roads‹ auf. Als Jimi mit John Hammond Jr. Studio-aufnahmen machte, war der Chef des Studios, Ed Chalpin

damals völlig neu. Mit seinen musi-kalisch-poetischen Stellungnahmen wurde er zur Stimme der sich bil-denden Protestbewegung und zu einem Symbol der Jugendkultur, die gegen den Krieg protestierte. 1965 kam das Album ›Bringing it all Back Home‹ (USA) bzw. ›Subterranean Homesick Blues‹ (Europa) mit dem Song ›Subterranean Homesick Blues‹ heraus. Im selben Jahr folgte auch ›Highway 61 Revisited‹ mit dem Song ›Like a Rolling Stone‹.

von der Firma PPX Enterprises, begeistert und bot ihm einen Vertrag an. Ohne langes Zögern unterschrieb Jimi das Papier am 15. Oktober 1965, das ihn exklusiv, auch für gelegentliche Studiosessions, an PPX band – zu einem lächerlichen Entgelt von 1% der Einnahmen aus dem Großhandelspreis.

Chalpin war nicht der einzige. Wer immer Jimi ein Angebot unter die Nase hielt und ihm eine große Karriere versprach, konnte sicher sein, daß dieser seinen Namen daruntersetzte. So hatte er nur wenige Monate zuvor einen Drei-Jahres-Vertrag bei Juggy Murray von Sioux Records unterschrieben wie auch einen Management-Vertrag mit der Firma Copa in New York. Viel getan hatten diese allerdings nicht für ihn, weshalb Jimi sich nicht verpflichtet oder gebunden fühlte.

Dieser echt gutaussehende schwarze Junge spielte mit Typen, die kaum den Beat halten konnten … Ich konnte es einfach nicht glauben – er spielte mit den Zähnen und hatte diese ganzen raffinierten Kunststückchen drauf … Der Junge hatte das alles drauf und spielte den Blues einfach göttlich.

Bluessänger John Hammond

New York – Greenwich Village

Obwohl Jimi seine Hautfarbe und die negativen Erfahrungen, die er sicher damit hatte, nie zum Thema machte, war der Sprung, den er Anfang 1966 unternahm, einschneidend. Hatte er sich zuvor – wie es damals ganz selbstverständlich war – ausschließlich in schwarzen Kreisen bewegt, waren alle seine Freunde, Bekannte, Freundinnen, Clubs und Bands schwarz gewesen, so näherte er sich nun ganz der weißen Szene an. Harlem war schwarz. Blieb er dort, würde er immer auf das Gebiet der schwarzen Musikszene festgelegt bleiben und damit auf ein ganz bestimmtes Publikum und die Blues-Szene begrenzt sein.

In Greenwich Village hatte er ein Viertel entdeckt, das seiner jetzigen Stimmung besser entsprach. Greenwich war einfach bunt, die Hautfarbe spielte eine nicht so wesentliche Rolle, war kein Politikum. Hier war wichtiger, wer man war und was man künstlerisch darstellte. Hier, so war er sich sicher, würde es ihm viel eher möglich sein, sein Leben zu leben, ohne ständig anzuecken – an den Weißen wegen seiner Hautfarbe, an den Schwarzen wegen seiner Liberalität den Weißen gegenüber, an den Bluesmusikern und Soulsängern wegen seines Nonkonformismus, seiner ausgeflippten Art zu leben, sich zu geben, und seiner grenzüberschreitenden Art, Gitarre zu spielen. Grenzen kannte er nicht; er registrierte sie nicht einmal, und vielfach war ihm nicht bewußt, wann er sie überschritt und womit er aneckte.

Jimi fand drei Begleitmusiker – alles Weiße, die ihre musikalischen Wurzeln mehr im Folk als im Blues hatten, und ge-

Das New Yorker **Greenwich Village** galt lange als Künstler-, Studenten- und Intellektuellenquartier. Berühmte Autoren wie Edgar Allen Poe, Henry James und Louisa May Alcott haben hier gelebt und gearbeitet. In den sechziger Jahren blühte die Hippie-Szene in diesem gemütlichen, knapp 300 Jahre alten Stadtteil von Manhattan auf. Poeten, Musiker, Maler, Aussteiger und Lebenskünstler ließen sich hier nieder. Das Viertel war in der ersten Hälfte der sechziger Jahre durch seine zahlreichen Coffee Houses (Hungry I, Bitter End, Gerde's Folk City) eine Hochburg der amerikanischen Folksong-Bewegung.

rade dies versprach eine interessante musikalische Herausforderung zu werden. Die Band namens Jimmy James and the
Blue Flames trat an sechs Abenden pro Woche auf (meist im
Café Wah). Außerdem spielte er gelegentlich im Café Au Go
Go und im Loft. Außerhalb des New Yorker Künstlerviertels
allerdings waren sie so gut wie nie zu sehen. Hier hatte Jimi
zum ersten Mal die Gelegenheit, seine Musik völlig auszule-
ben, zu experimentieren, neue Stilrichtungen auszuprobieren,
nur um sie im nächsten Augenblick wieder zu verwerfen.
Hier entwickelte er seinen Stil und seine Bühnenperformance.
Hier konnte er tun und lassen, was er wollte, sich kleiden,
wie er wollte, spielen, was und wie er es wollte. Sein Sound
war eine eigenartige Mischung aus traditionellen Blues-, Rock
'n'Roll-, Rhythm & Blues-, Rock- und Folkeinflüssen. Und mit
den Blue Flames traute er sich zum ersten Mal zu singen,
auch wenn er als Sänger sehr unsicher war und seine Stimme
wenig überzeugend fand. Zum Programm der Blue Flames
gehörten Jimis erste selbstkomponierte Bluesnummer ›Red
House‹ sowie jede Menge Coverversionen: eine frühe Inter-
pretation von ›Hey Joe‹, die Dylan-Coverversion ›Like a Rolling Stone‹, ›Shotgun‹ und ›Wild Thing‹ von der Beat-Punk-
Band Pretty Things.

So einfallsreich Jimi in der Musik und mit seiner Gitarre
war, so ideenreich war er auch in seinem Umgang mit Frauen.
Er hatte eine unglaubliche Art, sie zu verblüffen und für sich
einzunehmen. Jimis erste weiße Freundin, Carol Shiroky, erinnerte sich an ihre erste Begegnung: Nach einem Auftritt kam
er an ihren Tisch und sagte: »Ich muß dir etwas sagen, aber
du wirst sicher gleich lachen. Ich sagte: ›Ich verspreche, daß
ich nicht lache.‹ Und er sagte: ›Gut, ich möchte dein Knie küssen.‹ Klar, daß ich lachen mußte. Ich meine, wie viele Leute
sagen dir, daß sie dein Knie küssen möchten? Drei Tage spä-

Er hatte einen ungeheuren Vorrat an kontrollierten Sounds … Manchmal
zog er seine Saiten über sieben oder acht Bünde … Er fabrizierte jeden
Sound, den ich je von ihm gehört habe, mit einer Stratocaster, einem Twin
Verstärker, einem Maestro-Fuzz-Gerät – das war alles. Er brachte alles
durch extreme Lautstärke zustande … Jimi wußte immer genau, wohin
er (mit seiner Musik) ging.

Michael Bloomfield, Gitarrist der Blue Flames

ter sind wir zusammengezogen, und wir erlebten ein permanentes Feuerwerk.«

Jimi lebte sein Leben ausschließlich nach eigenen Regeln und Kriterien, fast in einer eigenen anderen Welt. Deshalb wirkte er oft wie in einen Kokon eingesponnen, körperlich zwar anwesend, geistig aber weit weg. Auch Albert Allen, ein Freund von Fayne, bestätigte: »Er dachte ständig über sich nach, was er anziehen sollte und so … Es spielte für ihn eine große Rolle, wo er sich aufhielt.«

Ab Mai 1966 lebte Jimi sechs Monate lang in New York mit der sechzehnjährigen Diane Carpenter zusammen. Sie erhob später eine Vaterschaftsklage für ihre Tochter Tamika gegen ihn, die allerdings 1972 abgewiesen wurde. Dennoch blieb er auch weiterhin mit Fayne befreundet. Seine liebenswürdige Art führte dazu, daß er mit den meisten seiner Freundinnen auch noch ein gutes Verhältnis pflegte, nachdem er sie verlassen hatte.

Anfang 1966 heuerte Jimi bei dem berühmten Saxophonisten King Curtis und seiner Band, den Kingpins, an, nahm mit ihm zwei Singles auf (›Help Me [Get the Feeling]‹ und ›Blast Off‹) und erfüllte daneben für ungefähr ein halbes Jahr weitere Engagements mit Curtis Knight and the Squires. Die Arbeit auf Tour und im Studio mit den unterschiedlichsten Bands und musikalischen Stilrichtungen mag für einen auf-

17 Curtis Knight and the Squires

strebenden, hungrigen Musiker wie Jimi Hendrix zwar frustrierend gewesen sein, aber sie erwies sich auch als lehrreich. Jetzt war es an der Zeit, einen eigenen musikalischen Stil zu entwickeln; die vielen verschiedenen Einflüsse, die er gesammelt hatte, sollten miteinander verschmelzen.

Er hatte mit und auf der Gitarre eine Stimme, die er einsetzen wollte. Doch noch wußte er nicht genau, was er sagen und wie er es sagen wollte, und so dienten die Lehr- und Wanderjahre der Erkenntnis und Aussonderung all dessen, was er nicht wollte. Länger als ein halbes Jahr hielt er es nirgendwo aus. Er probierte etwas – und er probierte alles, nahm jede Gelegenheit zu spielen wahr, die ihm jemand anbot – und stellte schnell fest, was er daran nicht mochte. Auf diese Weise fand er mehr und mehr zu seinem eigenen Stil. Da er soviel probierte, sich auf so viele unterschiedliche Stile einließ, den souligen Schmelz der Isley Brothers und Sam Cookes, den unbändigen Rock'n'Roll Little Richards, den bluesorientierten Sound von Curtis Knight, kristallisierte sich aus all dem nach und nach sein Stil heraus: In Jimis Musik verschmolzen Elemente aus den unterschiedlichsten Stilrichtungen, er griff Jazz und Rock ebenso auf wie natürlich den Blues, und er verweigerte sich jeder Festlegung auf eine musikalische Schublade. Aus diesen Gründen war auch die Zeit im Village für ihn prägend. Er war viel mit seinem neuen Freund Curtis Knight zusammen und entdeckte neue musikalische Welten, Dylan und die elektrisierende neue Musik des New Jazz mit Musikern wie John Coltrane und Ornette Coleman. Doch das Leben im Village beeinflußte Jimi auch in anderer Hinsicht: Hier kam er zum ersten Mal mit Drogen in Kontakt und begann, mit bewußtseinserweiternden Substanzen zu experimentieren.

Im Juni 1966 kamen die Rolling Stones zu Konzerten nach New York. Gitarrist Keith Richard hatte seine Freundin Linda

Die britische Erfolgsband **The Rolling Stones** mit den Originalmitgliedern Mick Jagger (geb. 1943), Keith Richards (geb. 1943), Brian Jones (1942–1969), Bill Wyman (geb. 1936) und Charlie Watts (geb. 1941) landete 1964 mit der Lennon/McCartney-Komposition ›I Wanna Be Your Man‹ ihren ersten Hit, läutete den Blues-Boom in Großbritannien ein und wurde zum größten Konkurrenten der Beatles. Als sich die Musikszene wandelte und der Psychedelic Rock an Einfluß gewann, zogen die Stones mit Werken wie ›Paint it Black‹ und ›Sympathy for the Devil‹ nach.

Keith dabei. Abends ging die gesamte Gruppe in den Cheetah-Club, wo eine Band vor den wenigen anwesenden Zuschauern spielte. »Und dann sah ich plötzlich den Gitarristen, der ganz unaufdringlich in der hinteren Reihe spielte«, erinnerte sich Linda. »Von dem Augenblick an war ich wie gebannt.« Während Keith mit den Stones durch Amerika tourte, begannen Linda und Jimi eine Affäre, und er ging in ihrem noblen Hotelzimmer im Hilton ein und aus.

Linda war nicht nur von Jimi als Mann, sondern auch als Musiker begeistert und bemühte sich sehr, ihm mit ihren Kontakten zum Durchbruch zu verhelfen. So überredete sie Rolling-Stones-Manager Andrew Loog Oldham, sich ein Konzert von Jimi im Café Au Go Go anzuhören. Oldham war auch als Musikproduzent für die Stones tätig und hatte ein eigenes Plattenlabel, die Immediate Records, gegründet. Zu Lindas großer Überraschung zeigte er sich von Jimi allerdings wenig beeindruckt, konnte keine Starqualitäten bei ihm erkennen und lehnte den Gitarristen rundherum ab. Er blieb zu Lindas Leidwesen nicht der Einzige, der negativ auf Hendrix reagierte. Auch Labelmanager Seymour Stein, den sie zu einem der nächsten Gigs mitnahm, konnte oder wollte in Jimis Musik kein kommerzielles Potential entdecken. Jimi allerdings blieb zuversichtlich. »In einem meiner Träume hatte ich die Jahreszahl 1966 gesehen, und ich wußte, irgendetwas würde passieren. Und ich wartete bis dahin einfach ab. Ich wollte meine eigene Show machen, meine eigene Musik und nicht immer dieselben Griffe spielen«, sagte er im Februar 1968 in der New York Times.

Doch eines Abends traf Linda Keith zufällig den damaligen Bassisten der britischen Bluesband The Animals in New York. Bryan Chandler, genannt Chas, fühlte sich in seiner Rolle als Popstar nicht länger wohl und plante, hinter den Kulissen des

Er war sehr kindlich, sehr schüchtern und nervös. Wenn er mit einem sprach, sah er einen nicht an. Er kam mit ins Apartment und spielte Stücke von Dylan. Für ihn war Dylan der Größte.
Linda Keith

Musikgeschäfts als Produzent oder Manager tätig zu werden. Er erzählte Linda, daß er die Animals nach der laufenden Tournee verlassen wolle, und Linda schlug sofort vor, daß er sich Jimi ansah.

Am 5. Juli besuchte Chas Chandler ein Konzert von Jimi James and the Blue Flames im Café Wah. Obwohl Hendrix als Leadsänger noch immer etwas unsicher wirkte, konnte er mit seiner surrealen Bühnenshow, seinem Auftreten und Talent einen Kollegen wie Chandler schnell überzeugen. Diesmal ging Lindas Rechnung auf, und sie trafen sich nach dem Konzert mit Jimi in einer nahegelegenen Kneipe. Als Musiker war es für Chandler leicht, einen Draht zu dem schüchternen Gitarristen herzustellen. Chandler bekundete sofort sein Interesse an einer Zusammenarbeit und erläuterte Jimi seine Pläne und Vorstellungen. Chandler plante nicht etwa, Jimi James and the Blue Flames unter Vertrag zu nehmen, sondern wollte aus Jimi Hendrix einen Star machen.

Jimi sollte Chandler nach London begleiten. Von dort aus würden sie zusammen mit einer neuen Band unter Chandlers Regie an seiner Karriere arbeiten. Hendrix war erfolgshungrig. Er verdiente zur Zeit maximal drei Dollar am Tag und hatte eigentlich nichts zu verlieren. Er willigte nach kurzem Zögern ein, unterschrieb einen Vertrag mit Chandler, der diesen sowohl zu seinem Manager als auch zum Produzenten zukünftiger Schallplatten machte.

Chas Chandler (1938–1996) wurde als Bryan James Chandler in Newcastle upon Tyne in England geboren. In den frühen sechziger Jahren spielte er Baßgitarre in verschiedenen Rhythm & Blues-Bands. 1963 gründete er mit Eric Burdon, Alan Price und Hilton Valentine die Formation The Animals. Im Juli 1966 traf Chas den bis dahin unbekannten Jimi Hendrix. Als Manager und Produzent der Jimi Hendrix Experience war er maßgeblich an dessen Erfolg beteiligt. Chas Chandler starb 1996 im Alter von 58 Jahren an einem Herzinfarkt.

England

Noch in New York arrangierte Chandler ein Treffen mit dem Musikverleger Abby Schroeder, um als erstes einen Verlagsvertrag, der die Rechte seiner Songs und deren Verwertung sicherte, abzuschließen. Es gelang ihm, Schroeder von Hendrix' Persönlichkeit und Fähigkeit zu überzeugen, so daß dieser dem Musiker einen Vertrag anbot, ohne einen einzigen Ton seiner Musik gehört zu haben. Anschließend beglich er Jimis ausstehende Rechnungen und löste bestehende Verträge aus (mit Ausnahme des Vertrags, den Jimi mit PPX abgeschlossen hatte – Jimi hatte schlicht und einfach vergessen, diesen Chas gegenüber zu erwähnen).

Am 24. September 1966 kamen Jimi und Chas in London an. Die britische Hauptstadt war in den sechziger Jahren eine brodelnde und boomende Musikmetropole. Nach Jahrzehnten der amerikanischen Vorherrschaft hatten die Beatles – und nach ihnen unzählige weitere britische Bands – das Musikbusiness erobert und gaben musikalisch den Ton an. Chas Chandler hatte sehr konkrete Vorstellungen, wie er Hendrix als seine Entdeckung in der Londoner Szene etablieren wollte. Gleich zu Anfang überredete er ihn, die Schreibweise seines Vornamens zu ändern. Aus dem Künstlernamen Jimmy James wurde so Jimi Hendrix. Außerdem setzte er auf Mund-zu-Mund-Propaganda und seine exzellenten Kontakte in der britischen Szene.

Direkt vom Flughafen fuhr Chandler mit Jimi zu seinem Freund Zoot Money. Selbstverständlich endete das Tref-

18 Chas Chandler und Jimi

fen in einer gemeinsamen Jamsession, die ihren erhofften Effekt nicht verfehlte: Fortan schwärmte Zoot Money bei seinen Musikerkollegen von diesem Wahnsinnsgitarristen aus Amerika.

Noch am selben Abend ging Jimi zu einer Session im Scotch of St. James Club, in dem sich junge Blaublütler mit Popstars, Models und Gangstern mischten, auf die Bühne. Die Reaktion der Engländer war zweigeteilt: Die Männer waren begeistert von seiner Musik, die Frauen von seinem Körper.

Auch bei den Frauen ließ Jimi keine Zeit verstreichen. Noch am ersten Abend sprach er Kathy, die neunzehnjährige Freundin von Zoots Frau an, und nach einer Schlägerei im Club flohen die beiden gemeinsam – und blieben zusammen. An den Abenden diskutierten sie mit Chas und dessen Freundin Lotta über Jimis Karriere, anschließend zogen sie durch die Clubs, und Jimi spielte mit jedem, der Lust hatte, mit ihm zu jammen. Nach einigen Nächten im Hotel zogen Jimi und Kathy gemeinsam mit Chas und Lotta in ein zentral gelegenes Apartment in der Innenstadt.

Jimi war von London sofort begeistert. Er fand es großartig, mit Chas in die Londoner Musikszene einzutauchen, Gleichgesinnte zu treffen, zu fachsimpeln und – vor allem – Musik zu machen. Schon wenige Tage nach seiner Ankunft ergab sich die erste große Gelegenheit, Jimi dem britischen Publikum in angemessenem Rahmen vorzustellen: Chas Chandler hatte Eric Clapton und Jack Bruce, die gerade mit Ginger Baker das Trio Cream gegründet hatten, von dem Ausnahmegitarristen vorgeschwärmt, den er unter Vertrag genommen hatte. Prompt erhielt Jimi von Eric Clapton die Einladung, am 1. Oktober 1966 im Regent Polytech als Gast von Cream auf die Bühne zu kommen. Hatte Jimi in New York noch gehofft, den britischen Gitarrenvirtuosen Eric Clapton persönlich ken-

George »Zoot« Money spielte anfangs mit Alexis Korners Blues Incorporated und gründete dann Zoot Money's Big Roll Band. Obwohl seine Platten sich kaum verkauften, war er aufgrund seiner Clownerien auf der Bühne und seiner bunten Erscheinung ein Liebling der britischen Szene.

Kathy Etchingham wurde 1946 in Derby geboren. Die Mutter Lil verließ ihren Mann wie auch Kathy und ihren Bruder John. Kathy wuchs bei Freunden und Verwandten in Dublin und in einer Klosterschule auf, landete u. a. vor dem Jugendgericht. Mit 16 brannte sie nach London durch.

nenzulernen, durfte er jetzt sogar ausgerechnet beim ersten Auftritt der legendären Band als Gastmusiker mit auf der Bühne dabei sein! Cream galt als die erste »Supergroup« der Rockgeschichte – eine Band, die sich aus exzellenten und bereits als Einzelmusikern bekannten Instrumentalisten zusammensetzte –, und ihr Debütkonzert wurde allgemein mit großer Spannung erwartet. Die anderen beiden Cream-Mitglieder waren daher von einem Gastmusiker wenig begeistert.

19 Eric Clapton in den siebziger Jahren

Das Regent Polytech war an diesem Samstag restlos ausverkauft. Nach der ersten Hälfte des Cream-Konzerts legte Jimi mit dem Howlin'-Wolf-Bluesklassiker ›Killing Floor‹ los. Clapton war platt! Dieser junge Schwarze spielte ihn glatt an die Wand. Er ließ die Hände sinken und ging von der Bühne – allerdings nicht verärgert, sondern, im Gegenteil, in tiefer Bewunderung! »Er spielte eine Nummer, die ich immer spielen wollte, für die ich aber nie die perfekte Technik fand … Es war … naja, er stahl uns die Show«, sagte er anschließend – und zeigte echte Größe, indem er den Neuankömmling nicht als Konkurrenten betrachtete, den es auszubooten galt, sondern sich mit ihm anfreundete und viele Sessions mit ihm spielte.

Eric Clapton wurde am 30. März 1945 in Ripley, England, geboren und ist neben Jimi Hendrix wohl einer der einflußreichsten Gitarristen der Rockmusik. Er besuchte das Kingston Art College, verschrieb sich bereits in frühen Jahren dem amerikanischen Blues, spielte mit den Yardbirds, mit John Mayall's Bluesbreakers und hob Cream aus der Taufe. Nach deren Ende gründete Clapton die Gruppen Blind Faith und Derek & the Dominos. Unter seinem eigenen Namen veröffentlichte er zahlreiche Soloalben und wurde in den Neunzigern erneut zum Superstar (»Tears in Heaven«).

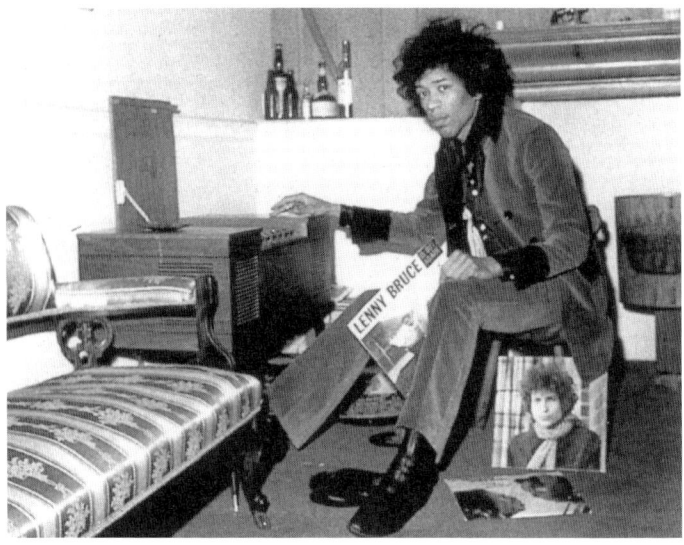

20   Jimi Hendrix beim Musikhören

Chandlers nächste Aufgabe bestand nun darin, eine Band für Jimi zusammenzustellen. Wieder kamen ihm seine alte Gruppe, die Animals, zu Hilfe. Eric Burdon gründete gerade eine neue Formation namens The New Animals und suchte nach geeigneten Musikern. Eine Anzeige erschien in der Fachzeitung ›Melody Maker‹. Das Vorspielen fand anschließend im Londoner Birdland Club statt. Chandler und Hendrix schauten sich einige der Aspiranten an, um vielleicht selbst einen passenden Drummer und einen guten Bassisten zu finden. Inspiriert von Cream, hatten Chas und Jimi beschlossen, ein Trio zu gründen, in dem dann jeder der drei Musiker bis an sein Limit gefordert sein würde. Eventuelle Schwachpunkte

Noel Redding wurde 1945 in Folkstone in der Grafschaft Kent geboren. Mit 17 Jahren zog er nach London und wurde Profimusiker. Zuerst spielte er in der Modern Jazz Group, dann in diversen Rockbands. Im Oktober 1965 gründete Noel Redding die Gruppe Loving Kind. Der große Erfolg blieb jedoch aus. Mit seiner zweiten Formation, The Fat Matrass, war er auch nach der Trennung von Hendrix relativ erfolgreich.

konnten nicht von anderen Instrumenten überspielt werden. Auf der anderen Seite blieb jedem Musiker in einem Trio genügend Spielraum, sich in Soli und Experimente zu vertiefen und dabei die eigenen musikalischen Fähigkeiten herauszustellen. Im Mittelpunkt des Geschehens sollten natürlich Hendrix und seine Gitarre stehen. »Ich wollte die kleinstmögliche Band mit dem größtmöglichen Nachhall«, erklärte Jimi.

Das erste Mitglied von Jimis neuer Band wurde der einundzwanzigjährige Noel Redding aus der Grafschaft Kent. Nach einigen frühen Erfolgen als Gitarrist der Gruppe The Loving Kind war Redding schon seit geraumer Zeit ohne Job. Er las die Anzeige im ›Melody Maker‹ und meldete sich beim Management der Animals für ein Vorspiel. Dort erfuhr er, daß die Gitarristen für Eric Burdons neue Band schon gefunden seien, für ein neues Projekt eines amerikanischen Ausnahmegitarristen allerdings noch ein Bass-Spieler gesucht würde. Kurzerhand lieh sich Redding einen Gibson-EB4-Baß aus, traf im Birdland Club auf Chandler und Hendrix und konnte die beiden beim Vorspielen überzeugen. Noel Redding war vielleicht nicht der beste Bassist, aber er war intelligent, sympathisch und spielte den Baß so, wie Hendrix es ihm vorgab.

Die Wahl des Schlagzeugers gestaltete sich schwieriger. Jimi und Noel hörten sich ungezählte Drummer an, und schließlich standen zwei zur Auswahl: Aynsley Dunbar von der Liverpooler Gruppe The Mojos, der bereits bei einigen der Probesessions an den Drums gesessen hatte. Und Mitch Mitchell, der sich bislang als Schlagzeuger der Formationen The Riot Squad und Georgie Fame's Blue Flames seinen Lebensunterhalt verdiente. Letztlich fiel die Wahl auf Mitchell – laut Chandler entschied am Ende sogar eine Münze zwischen den beiden. Da Mitchell primär dem Jazz zugewandt war, konnte er Hendrix leichter mit unerwarteten Improvisationen her-

---

John »Mitch« Mitchell wurde 1946 in London geboren. Als Jugendlicher besuchte er die Schauspielschule Corona Stage School; das Schlagzeugspielen brachte er sich nebenher selbst bei. Seine erste Band waren The Coronets, die mit Chris Sandford spielten und die Hitsingle ›Not Too Little, Not Too Much‹ veröffentlichten. Die Gruppe trennte sich 1965, und Mitchell verbrachte ein Jahr bei der britischen Bluesband Georgie Fame's Blue Flames, die in England zwei Nummer-Eins-Hits gehabt hatte.

ausfordern und erfüllte so perfekt die Anforderungen, die Hendrix an seine Bandkollegen stellte.

Bassist Redding kam aus dem Rock und brachte demzufolge Rock-Elemente ein, Mitchell war eher dem Jazz verhaftet und Jimi dem Blues. »Hätte ich mit zwei Bluesmusikern gespielt, hätte man uns direkt in die Blues-Schublade gesteckt. Aber das ist nicht mein Ding. Wir spielen unsere Version von einem Howlin'-Wolf-Song und direkt danach ›Wild Thing‹ von den Pretty Things oder eine Bob-Dylan-Nummer. Auf diese Art und Weise können wir alles tun und unseren eigenen Stil entwickeln.«

Jimi wollte seine neue Band Jimmy James & The Blue Flames nennen, doch Chas überredete ihn zu dem eindrucksvolleren und letztlich zur Zeit wie auch zur Band sehr viel besser passenden Namen Jimi Hendrix Experience. Ihren ersten gemeinsamen Auftritt hatte die Band aber in Frankreich. Der französische Superstar Johnny Halliday hatte Jimi Anfang Oktober als Gast von Brian Auger & The Oblivion Express im Londoner Blaises Club spielen sehen und war so angetan, daß er auf Chas' Angebot, die Jimi Hendrix Experience als Vorgruppe zu verpflichten, sofort einging. Das Debütkonzert der Jimi Hendrix Experience fand am 13. Oktober 1966 in Evreux bei Paris statt. Zum Repertoire gehörten ausschließlich Rhythm & Blues-Coverversionen wie ›Midnight Hour‹, ›Land of a Thousand Dances‹, ›Everybody Needs Someone to Love‹, ›Killing Floor‹, ›Respect‹ und natürlich ›Hey Joe‹. Mehr als fünf bis sechs Nummern durfte die Jimi Hendrix Experience als Vorgruppe jedoch nicht spielen.

Nach dem zweiten Konzert am 14. Oktober in Nancy hatten sich die Musiker eingespielt und freuten sich auf die erste wahre Herausforderung: Im ausverkauften Pariser Olympia-Theater galt es, 14 500 skeptische Zuschauer zu überzeugen.

Johnny Halliday kam 1943 als Jean-Philippe Smet in Paris zur Welt. Er wurde der größte Rock'n'Roller Europas. Meist spielte er Coverversionen amerikanischer Rock'n'Roll-Hits, und seine französische Version von ›Let's Twist Again‹ (›Viens danser le twist‹) wurde 1961 ein Millionenhit.

Unter einem **Showcase** versteht man ein kurzes Konzert, zu dem in erster Linie die Vertreter der Medien sowie Agenten und die zuständigen Talentscouts der Schallplattenfirmen eingeladen werden. Ein Showcase war der Öffentlichkeit zwar zugänglich, sollte aber vor allem der Band helfen, entdeckt zu werden.

Das Olympia gehörte zu dieser Zeit zu den wichtigsten Konzerthallen in Kontinentaleuropa. Sogar die Beatles galten erst seit ihren erfolgreichen Konzerten im Pariser Olympia auch in Europa als Stars. Jimis aufregende musikalische Experimente machten ebenfalls Eindruck beim Publikum, das diese mit tosendem Applaus würdigte.

Chandler ließ derweil seine guten Kontakte spielen und buchte für Jimi einige Showcase-Auftritte in London. Das erste der Londoner Showcases mit der Jimi Hendrix Experience fand am 19. Oktober im Scotch of St. James statt. Von der positiven Resonanz in Paris ermutigt, präsentierte Hendrix im gedrängt vollen Scotch of St. James-Club ein musikalisches Feuerwerk. Auch die anwesenden, von Natur aus skeptischen Vertreter der Musikindustrie waren von der Ausstrahlung und den Fähigkeiten des schmächtigen Amerikaners beeindruckt. Hendrix hatte sein Publikum in der Hand.

Mit der Öffentlichkeitsarbeit beauftragte Chandler fortan den erfolgreichen Presseagenten Les Perrin. Dessen Aufgabe war es, Jimi Hendrix auch in den britischen Medien zu etablieren. Er sollte die einflußreichen Londoner Musikjournalisten auf den »Star« aus Amerika aufmerksam machen, denn die berühmt-berüchtigte Fleet-Street-Presse hatte noch nicht richtig angebissen. Hendrix fand dort höchstens einmal als der »Wild Man of Pop« eine kurze Erwähnung.

Um die finanziellen Belange der Gruppe besser überschauen zu können, wurde der Animals-Manager Michael Jefferey als Partner für Chandler hinzugezogen. Chandler wurde offiziell noch immer von Jefferey vertreten und hatte den Geschäftsmann bereits des öfteren in die Arbeit mit Hendrix einbezogen. Jefferey verfügte über hervorragende Kontakte im Musikgeschäft, die Chandler und die Band für sich nutzen konnten. Er hatte ursprünglich einen Nachtclub in Newcastle

21 Michael Jefferey, Jimis Finanzmanager

geleitet, als er dort die Animals kennenlernte, die ihn als Manager und Vertrauensperson auswählten. Die Aufsicht über den kreativen Bereich der Jimi Hendrix Experience blieb allerdings allein in Chas Chandlers Händen. Jimi sah Jefferey nur als Geschäftspartner. Chandler hingegen war ein Freund, auf dessen persönliche Meinung er sehr viel Wert legte.

Am 23. Oktober ging die Jimi Hendrix Experience ins Studio, um die Aufnahmen zu ihrer ersten Single ›Hey Joe‹ fertigzustellen. Chandler selbst zeichnete als Produzent verantwortlich. Als B-Seite wollte Chas unbedingt einen von Jimi selbst geschriebenen Song haben, um ihn von Anfang an als Songwriter zu etablieren: ›Stone Free‹, das fast als Credo und Zusammenfassung von Jimis Leben gelten kann. Darin geht es um den Glauben an die Freiheit und das Bewußtsein seiner Außenseitersituation. Auch musikalisch charakterisierte der Song perfekt Jimis Stil, schwankte zwischen psychedelischen, abgedrehten Klängen und erdigem Rhythm & Blues.

Auf eigene Faust und aus eigener Kasse hatte Chandler die Studioaufnahmen finanziert; was jetzt noch fehlte, war ein Plattenvertrag. Chandlers Partner Michael Jefferey setzte sich mit der renommierten Firma Decca Records in Verbindung. Seine Bemühungen scheiterten aber an der Kurzsichtigkeit des zuständigen A&R-(Artist & Repertoire-)Managers Dick Rowe, der bereits als »der Mann, der die Beatles abgelehnt hat«, einen fragwürdigen Ruhm genoß. Rowe konnte mit den Hendrix Songs ›Hey Joe‹ und ›Stone Free‹ überhaupt nichts anfangen. Um so größer war das Interesse an Hendrix bei den jungen Musikmanagern Chris Stamp und Kit Lampert. Als Manager der Rockband The Who hatten sie, nicht zuletzt durch den Who-Gitarristen Pete Townshend, bereits viel von Hendrix gehört. Townshend und Clapton hielten sich fast bei jedem Auftritt der Jimi Hendrix Experience im Publikum auf

›**Hey Joe**‹ wurde 1966 für die Leaves aus Los Angeles zu einem Hit; ihre lebendige Folkrock-Version im Byrds-Stil erreichte den 31. Platz der Charts. Eine langsamere, getragenere Version des Songs nahm der Folksänger Tim Rose auf. An dieser orientierte sich Jimi: »›Hey Joe‹ ist ein traditioneller Song, und er ist ungefähr hundert Jahre alt. Unmengen Leute haben verschiedene Arrangements davon gemacht, und Tim Rose war der erste, der ihn langsam brachte. Das gefiel mir.«

und taten ihr bestes, ihre Begeisterung für Hendrix an die Öffentlichkeit zu tragen.

Chris Stamp und Kit Lampert hätten mit Jimi Hendrix gerne einen Management- oder Produzentenvertrag ausgehandelt, doch der hatte in Chandler und Jefferey bereits die richtigen Partner gefunden. Schließlich schlug Chris Stamp vor, die Jimi Hendrix Experience bei ihrem neu gegründeten Plattenlabel Track Records unter Vertrag zu nehmen. Track Records war ein Independent Label, dessen Veröffentlichungen zukünftig vom Polydor Konzern vertrieben würden. Mit Polydor im Rücken waren Track Records für Chandler und Hendrix eine interessante Option. Neben einem Tantiemenvorschuß in Höhe von 1000 englischen Pfund boten Stamp und Lampert zusätzlich an, der Jimi Hendrix Experience zwei Auftritte in der einflußreichen TV-Show ›Ready Steady Go‹ zu vermitteln. Im Scotch of St. James-Club wurde der Vertrag unterzeichnet. Chas Chandler erinnerte sich an den unkonventionellen Vertragsabschluß mit Kit Lampert, während die VIPs spielten und Jimi mit ihnen jammte: »Kit rannte so hastig auf mich zu, daß er dabei fast die Tische umstieß. Den Vertrag für Jimi schrieb er auf einem Bierdeckel im Scotch.«

Anfang November folgten drei Auftritte in Deutschland, im Big Apple in München, bei denen Jimi zum ersten Mal mehr oder weniger zufällig seine Gitarre zertrümmerte. Er war ins Publikum gelaufen, während er weiterspielte. Beim Rückweg auf die Bühne »warf er zuerst seine Gitarre hinauf. Dann sah er, daß sie zerbrochen und die Saiten gerissen waren. Er rastete einfach aus und zertrümmerte den Rest vor den Augen des Publikums.« Dem gefiel das, und Jimi und Chas beschlossen, es als Teil der Show beizubehalten. Meist flippte Jimi spontan aus, selten ging er auf die Bühne mit dem festen Vorsatz, an diesem Abend alles kurz und klein zu schlagen,

Pete Townshend wurde 1945 in Chiswick, England, geboren. Gitarrist und Songwriter der britischen Band The Who, zu deren größten Erfolgen die Hits ›My Generation‹, ›Happy Jack‹ sowie die Rockopern ›Tommy‹ und ›Quadrophenia‹ gehörten. The Who spielten sowohl beim Monterey Pop Festival wie auch in Woodstock. In den sechziger Jahren demolierten The Who am Ende ihrer Auftritte regelmäßig ihre Instrumente. Neben Townshend gehörten Roger Daltrey, John Entwistle und Keith Moon zur Stammbesetzung.

oft war ein Fehler für ihn der Auslöser zu einem explosiven und gewalttätigen Wutausbruch.

So liebenswürdig und freundlich Jimi normalerweise war, manchmal genügte eine Kleinigkeit, und er rastete aus, tobte und wütete – vor allem, wenn es um seine Musik ging. »Ich habe ihn einmal während eines Auftritts heulend auf der Bühne liegen sehen«, erinnerte sich seine alte Freundin Carol an eine Szene in New York. Daneben reizten ihn aber auch die absurden Klänge, Rückkopplungen, das Aufheulen, Schreien und Kreischen der Instrumente im Zerstörungsakt. Man kann davon ausgehen, daß die exzentrische Bühnenshow von The Who und speziell des Who-Gitarristen Pete Townshend Jimi stark beeinflußt haben. The Who zertrümmerten fast grundsätzlich ihr gesamtes Bühnenequipment, und Townshend experimentierte bereits 1965 mit Feedbacks und ungewöhnlichen Sounds.

Nun galt es, den Markt für die erste Plattenveröffentlichung zu sensibilisieren. Am 25. November 1966 fand im Bag-o'-Nails-Club in der Kingly Street die Party zur Veröffentlichung der ersten Experience-Single statt, auf der Jimi auch live spielte. Die gesamte Elite der Londoner Rock-Society gab sich hier die Ehre. Daneben waren wichtige Vertreter der Presse geladen. Dennoch urteilte der Journalist Altham: »Das beeindruckte mich zwar alles mächtig, aber natürlich dachte ich nicht, der wird mal ein Super-Mega-Star.« Zwei Tage später, am 27. November, wurde Jimi 24 Jahre alt. Ihm war bewußt: Er stand entweder jetzt oder nie am Beginn seiner Karriere. Was würde das nächste Lebensjahr bringen? Die Fachzeitschrift ›Melody Maker‹ prophezeite nach einem Auftritt von Jimi im Blaises Club: »Jimi Hendrix wird sicher einer der heißesten Club Acts des Jahres 1967! Er hat eine großartige Bühnenpräsenz, und seine außergewöhnliche Technik, die Gi-

22   Die Jimi Hendrix Experience ▶
nach Erscheinen ihrer ersten Single:
Noel, Mitch und Jimi

tarre zu bearbeiten, läßt auch das Spiel mit den Zähnen oder
gar ganz ohne Hände nicht aus!«

Anfang Dezember zogen Kathy und Jimi, zusammen mit
Chas und seiner Freundin Lotta, in Ringo Starrs frühere Woh-
nung am Montagu Square nahe der Baker Street. Der Beatles-
Drummer selbst zog aufs Land. Kathy und Jimi wohnten oben,
Chas und Lotta unten. Gelegentlich gestaltete sich das Zu-
sammenleben schwierig, vor allem zwischen Jimi und Kathy.
Jimi und die fünf Jahre jüngere Kathy hatten eine stürmische
Beziehung. Heftige Streitereien, die beide nicht allzu sehr be-
unruhigten, wohl aber Chas und Lotta, waren an der Tages-

ordnung. Nach einem dieser Streits schrieb Jimi eine seiner schönsten Balladen: ›And the Wind Cries Mary‹.

Am 16. Dezember 1966 kam die erste Single der Jimi Hendrix Experience, ›Hey Joe‹/›Stone Free‹, in Großbritannien auf den Markt, und am selben Tag hatte die Band ihren ersten Auftritt in der beliebten TV-Musik-Show ›Ready Steady Go‹. Die A-Seite wurde von einigen Radiostationen sofort gespielt, aber da Jimi außerhalb von London noch ein unbekannter Newcomer war, liefen die Verkäufe zunächst nur schleppend. Unzählige Konzerte folgten, um diese anzukurbeln.

Chas hatte dagegen andere Probleme. Der New Yorker Produzent Ed Chalpin von PPX war in London aufgetaucht, um seinen Schützling ausfindig zu machen. Er hatte gehört, daß dieser dabei war, in London Furore zu machen, winkte mit dem Vertrag, den Jimi ungefähr ein Jahr zuvor mit ihm abgeschlossen hatte, und wollte ebenfalls ein Stück des Kuchens: eine Tatsache, die Jimi und Chas noch einigen Ärger einbringen sollte.

Bis dahin allerdings genoß Jimi die wohl glücklichste und unbeschwerteste Zeit seines Lebens. Er hatte noch die Hoffnung, alles würde schön und wunderbar werden, er hatte die Freiheit, zu tun und zu lassen, was ihm gefiel, ohne wirtschaftliche Zwänge und die Erwartungen von Fans und Medien – und er hatte die Musik, ebenfalls ohne die Erwartungen, die Kritiker und Hörer an ihn stellten. Er konnte seine Musik leben, in unzähligen Live-Jams ebenso wie in Studio-Sessions und Aufnahmen, und er wurde genau dafür geschätzt.

Ich fragte ihn, was er während meiner Abwesenheit getan hätte, und er sagte: »Ich habe diesen Song geschrieben.« Er gab mir ein Blatt Papier, auf dem ›The Wind Cries Mary‹ geschrieben stand. Mary ist mein Zweitname, den Jimi nur benutzte, wenn er mich ärgern wollte.

Kathy Etchingham

Der Durchbruch

Nicht zuletzt dank Jimis furiosen Auftritts in ›Ready Steady Go‹ stieg ›Hey Joe‹ auf dem 38. Platz in den britischen Record Mirror Charts ein und kletterte langsam, aber stetig aufwärts. Am 4. Februar 1967 wurde die Single auf dem 4. Platz der konkurrierenden ›Melody-Maker‹-Hitparade notiert.

Wesentlichen Anteil an diesem Erfolg hatten die Piratensender. Die altehrwürdige BBC tat sich in den sechziger Jahren mit den innovativen, experimentellen Musikrichtungen noch sehr schwer und weigerte sich, härtere und ausgefallenere Musik in ihr Programm aufzunehmen. Diese Marktlücke wurde von kommerziellen Piratensendern erkannt, die von außerhalb der britischen Hoheitsgewässer ankernden Schiffen das Inselreich auf Kurzwellenfrequenzen mit Szenenachrichten und Underground-Hits beschallten.

Nach einem Konzert im legendären Londoner Marquee bat Kit Lampert, der in erster Linie The Who managte, die Jimi Hendrix Experience zusammen mit The Who für ein Konzert im Saville Theatre buchen zu dürfen. Das Saville Theatre gehörte Beatles-Manager Brian Epstein, der darin jeweils sonntags, wenn das Theater spielfrei hatte, Konzerte veranstaltete. Mit

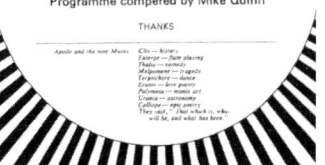

23 Ankündigung des Experience-Konzerts im Saville Theatre

24   The Who im Jahr 1965

seiner plüschig-altmodischen Ausstattung zählte es zu den renommiertesten Konzerthallen der Stadt. Die Experience spielte vor The Who und brachte das Publikum zum Toben; die gesamte Londoner Musikschickeria war angerückt, um das »Duell der Giganten« live mitzuerleben.

In den 40 Minuten ihres Sets spielte die Jimi Hendrix Experience Ausschnitte aus ihrem Repertoire von ›Killing Floor‹ über ›Like a Rolling Stone‹ bis ›Stone Free‹ und ›Hey Joe‹. Bei der Zugabe ›Wild Thing‹ rammte Jimi seine Fender Stratocaster mit aller Wucht in einen der Marshall-Verstärker, was ein ohrenbetäubendes Feedback erzeugte. Kein leichtes Unterfangen für The Who, nach Jimis furiosem Set auf die Bühne zu gehen – auch wenn ihre zerstörerisch-wütende Show in gewisser Weise das Vorbild für Jimis Akt gewesen war. Das Verhältnis der beiden Bands zeichnete sich generell durch eine Rivalität aus, obwohl beide bei Track auf dem gleichen Label waren und Who-Gitarrist Pete Townshend Jimi ursprünglich sehr verehrt hatte. Eric Clapton erklärte später in einem Interview mit der amerikanischen Musikzeitschrift ›Rolling Stone‹: »Das Konzert war schlicht unbeschreiblich! Ich glaube nicht, daß Jack Bruce vorher wirklich begriffen hat, was Jimi macht … Er (Jimi) verkörpert sämtliche Aspekte der Rockgitarre auf einmal.«

Das Jahr 1967 mit seinem Flair aus Flower Power, Marihuana, Love & Peace-Festivals, LSD, Hippies und psychedelischen wie orientalischen Klängen sollte den Sound der Pop-

Ich glaube nicht, daß ich jemals mehr Freude dabei hatte, einer Live-Performance zuzusehen als bei Jimi … Du fühltest, daß er frei war und flog … Wenn du ihm zusahst, während er spielte, konntest du mit ihm mitgehen und dich sehr frei fühlen.

Pete Townshend

musik für immer verändern. Man sprach vom »Sommer der Liebe« und von den »Blumenkindern«. Die kulturellen Treffpunkte der Hippie-Bewegung waren in London (an der Carnaby Street und in Soho), in San Francisco (im Haight Ashbury Bezirk), Amsterdam (in der Altstadt und in den Parks) und Los Angeles (am Venice Beach und auf dem Sunset Strip) zu finden.

In San Francisco, an der Ecke, wo sich die Haight und Ashbury Street kreuzten, ließen sich die meisten der zuwandernden Hippies, Drop-outs, Studenten und Musiker nieder. Das Viertel lag unweit des Golden Gate Parks und bestand aus ehemals eleganten, jetzt heruntergekommenen und schäbigen zweistöckigen Häusern mit kleinen Vorgärten und verzierten Veranden. In den Jahren 1966/1967 gab es in der Stadt zwischen 500 und 1500 Bands. Viele davon, wie Jefferson Airplane und Grateful Dead, lebten in Kommunen zusammen – mit Freunden, Groupies und Haustieren. Natürlich hatte auch der freizügige Umgang mit halluzinogenen Drogen einen einschneidenden Einfluß auf die Entwicklung der Popmusik. Den eingängigen Melodien der zahlreichen, zum größten Teil aus Liverpool stammenden Popbands folgten ab 1966 die experimentellen Klänge der psychedelischen Subkultur. Der Soundtrack zu dieser Epoche nannte sich »Psychedelic Rock«.

Am 14. Januar 1967 fand das erste »Human Be-In« im Golden Gate Park statt, eine rauschende Party mit Jefferson Airplane und 1000 kostenlosen LSD-Trips, ein Hippie-Beisammensein: »Barfüßige Mädchen in Priestergewändern, Saris aus Madras oder Cordhosen, besonders mutige Teenager nackt bis zur Hüfte …, Folksänger, die von Berggipfeln kündeten, Schamanen und Motorradfahrer …, streunende Promenadenmischungen, Dichter auf und vor der Bühne …, indianischer Kopfputz aus orange und blau gefärbten Federn, dazu Ketten

Jimi war extrem einzigartig, als Musiker und als Performer. Wer nur seine Platten kennt, der kennt nur einen kleinen Teil dessen, was er als Musiker gemacht hat. Er war der absolute Meister der Live-Performance …, denn er brachte Licht auf die Bühne. Jimi war einzigartig, und nicht alle Künstler in Rock und Pop verdienen diese Auszeichnung. Er war ein Innovator in der Zeit, als Rock, Blues und Jazz zusammenkamen – Jimi hat so viele Strömungen zusammengebracht.

Eric Clapton

aus schwarzen und weißen Ringen …, ein Trommler mit einer chinesischen Maske sowie einem roten und blauen Luftballon an einem gelben Arbeitsschutzhelm.«

Wie die meisten seiner musikalischen Zeitgenossen war auch Jimi dem Drogenkonsum nicht abgeneigt. In den Londoner Szenekreisen ging man Anfang 1967 noch vorsichtig mit halluzinogenen Drogen um. Die Beatles hatten LSD ausprobiert und darüber gesprochen, einige Mitglieder der Rolling Stones ebenfalls. Trotzdem galten Cannabis-Produkte (Haschisch und Marihuana) und auch das synthetische Speed weiterhin als gesellschaftsfähiger als das unberechenbarere LSD. Für alle Musiker sehr wichtig war der bewußtseinserweiternde Effekt der Drogen, den sie für ihre Kreativität als sehr förderlich ansahen.

Voller Enthusiasmus schrieb Jimi an den Songs zu seinem ersten Longplayer. Am 11. Januar 1967, während ›Hey Joe‹ noch immer stetig die britischen Charts emporklomm, begann die Jimi Hendrix Experience in den Londoner De-Lane-Lea-Studios mit den Aufnahmen für ihre zweite Single. Beide Songs stammten aus seiner Feder. ›Purple Haze‹ war ein psychedelischer Paradesong – gemeinhin wird er als Drogensong, als die Beschreibung eines LSD-Trips, angesehen. Nicht nur im Intro war ›Purple Haze‹ wesentlich gitarrenlastiger als sein Vorgänger ›Hey Joe‹, denn das virtuose Gitarrenriff zog sich durch die gesamte Nummer. Der ›Wild Man of Borneo‹, wie die britische Presse den Musiker inzwischen nannte, verwendete im Studio erstmals ein neues, elektronisches Effektgerät, die Octavia, durch die er die zweite Gitarre filterte.

Für die B-Seite wurde die Nummer ›51st Anniversary‹ ausgewählt. Die fünf aufgenommenen Gitarrenläufe wurden dabei so übereinander geschnitten, daß man am Ende glaubte, nur eine einzige Gitarre zu hören. In ›51st Anniversary‹ be-

---

LSD (Lysergsäurediethylamid) und »Zauberpilze« sind psychedelische und halluzinogene Drogen. Sie lösen fundamentale Veränderungen des Bewußtseins und der Ich-Empfindung aus, intensivieren und verfremden die sinnliche Wahrnehmung. Die mit den Augen gesehene Umwelt wird in andere Formen, Farben und Bilder uminterpretiert. Auch die Gehör-, Geruchs-, Geschmacks- und Tastwahrnehmungen verändern sich. LSD ist ein halbsynthetischer Wirkstoff, der bis zu seinem weltweiten Verbot als Mittel zur Unterstützung in der Psychotherapie eingesetzt wurde.

schrieb Jimi die Ehe, wie er sie erlebt hatte und sah, schilderte die guten und die schlechten Seiten einer Beziehung, zeigte aber auch an, daß er sich selbst nicht zu früh binden wollte.

Inzwischen hatten Chas Chandler und Michael Jefferey mit New Action, der Produktionsfirma der Who-Manager Kit Lampert und Chris Stein, einen Vertrag für Jimi abgeschlossen: Pro Jahr sollten vier Singles und zwei Langspielplatten auf dem an Polydor angeschlossenen Label Track Records erscheinen. Dafür erhielt Jimi einen weiteren Vorschuß in Höhe von 1000 Pfund und die Zusage, daß für alle seine Singles Promotionfilme, also Videoclips, gedreht würden, was in den Sechzigern noch alles andere als üblich war. Für ›Hey Joe‹ wurde sogar nachträglich ein Promotionvideo im Saville Theatre gedreht.

Insgesamt 40% von Jimis Gagen und Tantiemen behielten Chandler und Jefferey für ihr Management. Von den verbleibenden 60% bezahlten sie den Bandmitgliedern Noel Redding und Mitch Mitchell ein festes Gehalt von etwa 30 Pfund pro Woche. Die hohen, weit überdurchschnittlichen Managementabgaben – Beatles-Manager Brian Epstein beispielsweise erhielt 25% – kamen zustande, da Chandler und Jefferey vor ihrer Abreise nach England sämtliche Schulden Jimis beglichen hatten und auch in England zunächst für seine Unterkunft sowie für die ersten Studiomieten aufgekommen waren. Falls es die Band nicht zum erwünschten Erfolg bringen würde, war Jimi nicht verpflichtet, Chandler und Jefferey diese Kosten zu erstatten.

Purple Haze (Songtext)
Purpurner Schleier war in meinem Hirn
In letzter Zeit scheinen die Dinge nicht mehr dieselben zu sein
Ich benehme mich komisch, aber ich weiß nicht warum
Entschuldige mich, während ich den Himmel küsse

Purpurner Schleier überall um mich
Weiß nicht, ob ich hoch oder runter gehe
Bin ich glücklich, oder fühle ich mich elend?
Was auch immer es ist, das Mädchen hat einen Zauber über mich gelegt

Purpurner Schleier war in meinen Augen
Weiß nicht, ob es Tag oder Nacht ist
Du hast mich am Blasen, dabei, mein Gehirn rauszublasen
Ist es morgen oder ist es nur das Ende der Zeit?

Die Monate Februar und März 1967 verbrachte die Jimi Hendrix Experience weitgehend auf Tournee. Zuerst standen Konzerte in den Arbeiterclubs in Nordengland an. Bei den Kneipenbesitzern machte Jimi sich allerdings häufig unbeliebt, da er die Anlage oft weiter aufdrehte, als sie es vertragen konnte.

Die Kritiker dagegen waren überall voll des Lobes und begegneten Jimi mit einer gewissen Ehrfurcht. Ein Veranstalter kündigte ihn mit dem reißerischen Slogan an: »Verpassen Sie nicht den Mann, der Dylan, Clapton und James Brown in einem ist.« Und der sich auf der Bühne immer mehr zu einem rasenden Zerstörer entwickelte. Als er erkannte, daß er damit Eindruck schinden konnte, endeten die Konzerte der Jimi Hendrix Experience immer öfter in totaler Verwüstung: Jimi rammte seine Gitarre in die Verstärker, Mitch Mitchell attackierte sein Schlagzeug und rollte die Baßtrommel über die Bühne, Noel Redding versuchte seinen Instrumentenkoffer einzutreten, und alle beschossen sich mit Wasserpistolen. Den ahnungslosen Zuschauern blieb oft nicht nur wegen der hochkarätigen Musik der Mund offen stehen; eine derart laute, zerstörerische, aber dennoch phantastische Show hatten sie nie zuvor erlebt. Außerdem drehte Jimi seine Verstärker auf der Bühne immer voll auf, was ihm in einem Zeitungsartikel den Namen »König der sterbenden Verstärker« einbrachte.

Die Nachricht von dem phänomenalen Wundergitarristen erreichte auch bald das europäische Festland. Interview- und Konzertanfragen aus fast allen westlichen Staaten gingen beim Management ein. Die Band flog zu Fernsehauftritten nach Belgien, Luxemburg, Holland und Deutschland. In Hamburg gab die Experience drei Konzerte im legendären Star Club und nahm im Funkhaus einige Titel für eine Radiosendung auf.

Der Glaube kommt zu den Leuten durch Elektrizität. Darum spielen wir so laut … Wir wollen, daß unser Sound direkt in die Seele der Menschen trifft. Einfach mal sehen, ob man in ihnen nicht irgend etwas wachrütteln kann, in ihren Köpfen. Denn es gibt so viele Leute, die im Grunde bloß schlafen.

Jimi Hendrix

War Jimi auf Tour, tobte Kathy sich aus: »Ich war gerade 20, und die Welt war voller interessanter und amüsanter Leute, die ich besser kennenlernen wollte. Ich war kein bißchen bereiter für eine monogame Beziehung, als er es war.« Kam Jimi nach Hause, stellte sie ihre sozialen Aktivitäten völlig ein, und beide lebten für kurze Zeit ein beschauliches, ruhiges Leben und luden ihre Batterien auf. Kathy zufolge flirtete Jimi mit jeder, »die um ihn herum war, gleichgültig wie unattraktiv sie auch war«. Oft machte er sich nicht einmal die Mühe großer Geheimhaltung, so daß Kathy ihn einmal in flagranti mit einem Mädchen auf der Damentoilette erwischte.

25 Jimi zerschlägt seine Gitarre am 10. Mai 1968 im Fillmore East

Michael Jefferey plante indes Größeres: Sein Ziel war es, die Jimi Hendrix Experience Band auch in den USA zu etablieren. Musikalisch gesehen, war Amerika immer noch der Nabel der Welt, dort erlebte die psychedelische Jugendkultur ihren Höhepunkt. Seit Brian Epstein mit den Beatles 1964 den Durchbruch in den USA geschafft und so die »britische Invasion« eingeleitet hatte, stand man englischen Bands auf der anderen Seite des Atlantiks aufgeschlossen gegenüber. Zudem war Jimi selbst Amerikaner.

Eigentlich störte mich die Vorstellung, daß er auch mit anderen Frauen zusammen war, nicht so sehr, solange er es nicht direkt unter meiner Nase durchzog – andererseits entdeckte ich erst nach seinem Tod, wie promiskuitiv er wirklich gewesen war.

Kathy

Jefferey überließ die europäischen Geschäfte vorübergehend seinem Partner Chas Chandler und flog nach New York. Auch in den USA verfügte er über die nötigen Kontakte. Das zum Warner-Brothers-Konzern gehörende Label Reprise zeigte als erstes Interesse an einer Zusammenarbeit mit Hendrix. Nach zähen Verhandlungen – Jefferey verkaufte Jimi bereits als Superstar – kam ein Vertrag mit dem zum Warner-Brothers-Konzern gehörenden Label Reprise zustande.

Am 17. März 1967 wurde die zweite Experience Single ›Purple Haze/51st Anniversary‹ in Großbritannien und Kontinentaleuropa veröffentlicht. Insgesamt wurde ›Purple Haze‹ 14 Wochen lang in den Charts notiert und erreichte als Höchstposition den dritten Platz (Record Mirror).

Es folgten Fernsehauftritte in England und in Frankreich, die zwischen die bereits bestehenden Konzerttermine geschoben werden mußten. Dann flog die Band ein weiteres Mal in die Bundesrepublik, wo sie inzwischen von einer eingefleischten Fangemeinde erwartet wurden. Im April unternahm die Jimi Hendrix Experience ihre erste landesweite Tournee durch Großbritannien, da sie dank ihrer neugewonnenen Popularität der Clubszene langsam entwachsen war. Zusammen mit den Walker Brothers, Engelbert, Cat Stevens, den Californians, den Quotations und MC Nick Jones – keine der Bands paßte

26 Spektakuläres Gitarrenspiel

sonderlich gut zu Jimis Stil – waren sie in britischen Theatern zu sehen. Jimi spielte zwar immer im letzten Drittel der Show, aber er brauchte Schlagzeilen und spektakuläre Aktionen, um sich von den anderen Künstlern abzusetzen. In der Garderobe des Finsbury Park Astoria schlug ihm der Journalist Keith Altham daher scherzhaft vor, seine Gitarre während des neuen Titels ›Fire‹ auf der Bühne in Brand zu setzen. Chandler griff die Idee sofort auf: »Wir könnten die Gitarre mit Feuerzeug-benzin übergießen und dann anzünden!« Jimi war im wahr-sten Sinne des Wortes Feuer und Flamme und setzte die Idee mit Hilfe seines Roadies Gerry Stickells in die Tat um.

Eine Welle von Horror, Schock, Entsetzen und schließlich staunender, jubelnder Erleichterung, die sich in frenetischem Beifall auflöste, durchlief das Publikum, das anschließend vor Begeisterung tobte. Die brennende Gitarre wurde zu einem von Jimis Markenzeichen. Insgesamt setzte er seine Gitarre höchstens zehnmal in Flammen. Auf das Publikum und ins-besondere auf die Presse machte der Showeffekt aber derarti-gen Eindruck, daß er Jimis Image als »der Mann, der seine Gitarre anzündet«, stark prägte. »Wenn ich meine Gitarre verbrenne, ist das wie eine Opfergabe«, erklärte Hendrix in einem Interview. »Man opfert Dinge, die man liebt – und ich liebe meine Gitarre.« Das Bild der brennenden Gitarre paßte auch perfekt zu dem Image des wilden Mannes. Außerdem nutzten Chandler und Jefferey Jimis starke Anziehung auf Frauen und seine große erotische Ausstrahlung voll aus, machten ihn zu einem Sex-Gott. Kathys Existenz und die Tat-sache, daß Jimi mit seiner Freundin zusammenwohnte, wur-den verheimlicht. Um so überraschter waren die Menschen, die ihm begegneten, daß der echte Jimi mit dem wilden, zügel-losen und aggressiven Image so wenig zu tun hatte, schüch-tern und sehr wohlerzogen war.

> In den alten Blues-Songs sang man über Sex, über Probleme mit seiner Frau und über Alko-hol. Heute kommt in der Musik so viel mehr zur Sprache.
> *Jimi Hendrix*

Anfang Mai besuchte die Jimi Hendrix Experience Skandinavien. Während die Band in Dänemark und Schweden gefeiert wurde, hinterließ Jimis einziger Besuch in Finnland einen eher faden Beigeschmack. Im Stockholmer Tivoli Garden brannten dagegen schon zwei Tage später über 14000 Jugendliche darauf, die Jimi Hendrix Experience live erleben zu können.

Während der zahlreichen Tourneen hatte Jimi bereits einen Großteil der Songs geschrieben, die für sein erstes Album in Frage kamen. Im De-Lane-Lea-Studio wurde einer davon für die dritte Experience-Single aufgenommen. ›The Wind Cries Mary‹ war eine gefühlvolle Ballade, die Jimi für seine Freundin Kathy Etchingham geschrieben hatte. Gleich die erste Aufnahme von ›The Wind Cries Mary‹ wurde für die Single benutzt, die am 5. Mai veröffentlicht wurde. Der ›New Musical Express‹ schwärmte von der »wunderschönen Platte, die ein gelungenes Beispiel für Jimis angeborenes Bluesgefühl darstellt«.

Mit Hilfe der finanziellen Spritze von Warner Brothers konnte sich Jimis Management für alle weiteren Plattenaufnahmen ein Top-Studio in London leisten. Zu den besten und

The Wind Cries Mary (Songtext)
Wenn alle Männchen in ihren Kisten sind
Und alle Clowns zu Bett gegangen sind
Kannst du das Glück die Straße heruntertorkeln hören
Fußabdrücke gekleidet in Rot
Und der Wind flüstert Mary

Ein Besen fegt trübsinnig
die zerbrochenen Stücke von gestern Leben
Irgendwo weint eine Königin
Irgendwo hat ein König keine Frau
Und der Wind, er weint, Mary

Die Ampeln wechseln morgen auf Blau
und scheinen ihre Leere auf mein Bett
Die kleine Insel treibt ab, den Fluß hinunter
Denn das Leben, das gelebt ist, ist tot
Und der Wind schreit Mary

Wird der Wind sich je erinnern
all der Namen, die er in der Vergangenheit geblasen hat
Und mit seiner Krücke, seinem Alter und seiner Weisheit, flüstert er
»Nein, dieser wird der letzte sein«
Und der Wind weint Mary

teuersten Plattenstudios in England gehörte, neben den Abbey Road Studios in St. John's Wood, das Olympic Sounds, ein großes, kathedralenähnliches Studio in Barnes, einem Vorort im Südwesten Londons.

Zunächst mußte eine B-Seite für die dritte Single fertiggestellt werden. Die Wahl war auf die Hendrix-Komposition ›Highway Chile‹ gefallen, einen sehr autobiographischen Song. Im Olympic Studio wurden dann die letzten Aufnahmen für das erste Album der Jimi Hendrix Experience, ›Are You Experienced‹, fertiggestellt. »Wir probierten jede noch so verrückte Idee aus, wir probierten das Equipment aus, jagten mehrere Instrumente durch den Kompressor, solche Dinge. Wir konnten uns richtig austoben, nur so, aus Spaß an der Sache. Wenn etwas Gutes dabei herauskam, haben wir es in den entsprechenden Song eingefügt«, erklärte Chas Chandler.

Chas Chandler agierte zwar weiterhin als Produzent, Jimis wichtigster Ansprech- und kreativer Sparring-Partner aber wurde ein junger Toningenieur aus Südafrika, der fest in den Olympic Sound Studios arbeitete: Edwin H. Kramer, genannt Eddie. Anfangs war Jimi bei der Arbeit im Studio sehr schüchtern und verschlossen. Erst allmählich gewann er an Selbstbewußtsein, begann, seine Ideen zu formulieren und nach und nach auch durchzusetzen. In Kramer fand Jimi einen Partner, der ihm wirklich zuhörte und der seine musikalischen Ideen umzusetzen wußte. Da damals nur vier Aufnahmekanäle zur Verfügung standen, wurden diese üblicherweise auf Schlagzeug und Baß (ein Backing Track), Rhythmusgitarre, Sologitarre und schließlich den Gesang mit Effekten verteilt. Eddie Kramer hingegen nahm zunächst das Schlagzeug in Stereo auf zwei Kanälen auf, dann den Baß und Jimis Rhythmusgitarre auf zwei weiteren. Diese vier Tonspuren wurden dann zu zweien zusammengemischt und anschlie-

Toningenieur **Eddie Kramer**, ein gebürtiger Südafrikaner, kam mit 19 Jahren nach London. 1964 wurde er als Ingenieur in den Pye Studios eingestellt und arbeitete mit Sammy Davis Jr., Petula Clark und The Kinks. 1965 eröffnete er die KPS Studios in London, die bereits ein Jahr später von der Firma Regent Sound gekauft wurden. Kramers nächster Job führte ihn in die Olympic Sound Studios, wo er als Ingenieur für Aufnahmen der Beatles, Traffic, der Rolling Stones und für Jimi Hendrix tätig wurde. 1993 produzierte Kramer das Hendrix-Tributalbum ›Stone Free‹.

ßend auf eine weitere Vier-Track-Konsole überspielt. Somit blieben noch zwei Spuren, um am Schluß den Gesang und die Sologitarre aufzunehmen.

Auch im Studio bestand Jimi darauf, seine Verstärker bis zum Anschlag aufzudrehen. Bei der Verstärkereinstellung unterschied Jimi nur zwischen ausgeschaltet und voll aufgedreht. Die ernorme Lautstärke führte zu gezielt eingesetzten Rückkopplungen, die sich entweder in einem schrillen Pfeifen oder im Kippen der oberen Tonbereiche äußerten.

In Jimis Händen mutierte die Gitarre vom reinen Melodieinstrument zu einem aggressiven, verstört aufheulenden und dann wieder leise wimmernden Tier. Als Effektgeräte setzte er meist ein Vox-Wah-Wah-Pedal sowie ein Dallas Arbiter Fuzz Face ein. Mit seiner kreativen, grenzüberschreitenden Art, sein Instrument zu bearbeiten, zauberte Hendrix aus ihm Klänge hervor, die so noch niemand gehört hatte. Welche Möglichkeiten das Instrument und die technische Ausstattung auch boten, er nutzte sie auf ungeheuer einfallsreiche Art komplett aus – vom Ziehen des Verbindungskabels, dem schnellen Ein- und Ausschalten des Netzschalters, dem Slide-

Effekt mit Mikrophonständern oder Bierdosen, dem extensiven Gebrauch des Vibratohebels und des Wah-Wah-Pedals bis hin zur Virtuosität seines Spiels, das auch Jazz-Techniken wie das Octave Playing, das Fingervibrato oder das einhändige Spiel aufgriff.

Neben Eddie Kramer hatte Jimi bei einem Konzert in

27 Eddie Kramer, Jimis Toningenieur

den Chiswick Caves den Soundbastler Roger Mayer kennengelernt, einen Tüftler, der mit Jimi auf einer Wellenlänge lag,
dessen Ansichten über Klang mit den seinen übereinstimmte
und der darüber hinaus über das nötige technische Fachwis-
sen verfügte, um seine Ideen in Verstärkern und Klanginstru-
menten umzusetzen.

Wohl als einer der ersten Rockmusiker ging es Jimi um den
Klang der Musik. Natürlich war die Melodie wichtig, natürlich waren die Worte wichtig, was aber das eigentliche Flair
des Songs ausmachte, war der Klang, *wie* diese Worte und Töne dargebracht wurden. Dieser kreierte eine Stimmung, rief
Assoziationen und Empfindungen hervor. Es gab unzählige
Möglichkeiten, nur eine einzige Note zu spielen – das hatte
Jimi in ungezählten Stunden bis in die kleinste Nuance erfahren und erspielt. Auch ursprünglich unerwünschte Neben-
effekte wie Verzerrung, Phasenverschiebung und Klangfilte-
rung setzte er ganz bewußt ein. Seine Kreativität beruhte auf
der Verbindung von Musik und Technik, von Instrument und
Elektronik. Die Toningenieure Eddie Kramer und Roger
Mayer, die Jimis musikalische Bedürfnisse verstanden, waren
ein Glücksgriff.

Großen Wert legte Jimi auf die Auswahl seines Equipments,
denn nur mit diesem war er in der Lage, durch Effektgeräte
und Verzerrungen seine Gitarre zum Sprechen zu bringen. Die
meisten Gitarren baute er um (bzw. ließ sie später von Roger
Mayer, der für die Soundeinstellungen und Instandhaltung
des Equipments von Experience verantwortlich war, umbau-
en), damit sie seinen Ansprüchen als Linkshänder genügten,
montierte Steg und Sattel seitenverkehrt auf, zog die Gitarren-
saiten in umgekehrter Reihenfolge auf und lackierte seine liebsten Stücke gelegentlich auch. Bei einigen Gitarren bog Hendrix sich den Vibratohebel so zurecht, daß er damit die Saiten

---

Beim **Fuzz Face** wird das Eingangs-
signal übersteuert und erzeugt so
einen Verzerrungseffekt. Das Dal-
las-Arbiter-FF wurde in England
hergestellt und kam Ende 1966 auf
den Markt.

Das **Wah-Wah-Pedal** ist ein selekti-
ver Verstärker, der einen Teil der
Tonfrequenz durch Treten eines Pe-
dals hervorhebt. Dies kann zu
einem Heulen führen oder sprach-
und vokalähnliche Klänge erzeugen, die an die Vokale A und U
erinnern. Das Wah Wah kam 1967
serienmäßig auf den Markt.

berühren und so weitere spezielle Klangeffekte erzielen konnte. Wesentlich für seinen Sound war auch, daß er sämtliche
Saiten seiner Gitarre einen Halbton tiefer als normal stimmte.
Auf diese Art und Weise klang das Instrument kräftiger und
paßte besser zu seiner Gesangsstimme. Geprobt wurde fast
nicht, weder vor den Aufnahmen noch vor den Konzerten.
Noel Redding beschrieb die Arbeitsweise: »Hendrix sagte
meist: ›Ich habe hier diesen Song‹, ich fragte ihn nach der
Tonart, und Mitch Mitchell wollte den Takt wissen. Wir haben die Songs dann schnell im Studio geprobt und anschließend aufgenommen. Manchmal hat Jimi mir ein paar Baßläu-
fe vorgegeben, aber ich habe ihm auch einige Gitarrenläufe
gezeigt … Während die Ingenieure also alles einstellten, haben wir geprobt. Irgendwann wurde das Stück dann einfach
aufgenommen, manchmal ohne daß wir etwas davon gemerkt
haben.«

Da es in den sechziger Jahren durchaus üblich war, Singles
nicht auf den später veröffentlichten Langspielplatten zu integrieren, enthielt Jimis Debütalbum ausschließlich neues Material und Originalkompositionen. Die acht Titel waren allesamt
live erprobt und entsprachen dem Standard, den ›Purple
Haze‹ und ›The Wind Cries Mary‹ gesetzt hatten. Jimi wollte
Musik, so wie er sie verstand, einer breitgefächerten Hörer-
schaft zugänglich machen. Entgegen seinem Image sah er sich
nicht als »Freak« oder »Wilden Man«: »Ich habe diese Platte
für Teenager geschrieben. Ich möchte nicht, daß die Leute meinen, das hier wäre ein völlig abgedrehtes Werk. Man kann
unsere Musik nicht kategorisieren. Vielleicht kann man unseren Sound als Free-Style oder als Free-Form bezeichnen.«

Das lang erwartete erste Album der Jimi Hendrix Experience
lieferte einen hypnotisierend-fesselnden, aber auch zerstöre-
risch wirkenden Einblick in die Gedankenwelt des jungen

The Jimi Hendrix Experience
›Are You Experienced?‹
VÖ: 12. Mai 1967,
Produzent: Chas Chandler
Titel:
›Foxey Lady‹, ›Manic Depression‹,
›Red House‹, ›Can You See Me‹,
›Love or Confusion‹, ›I Don't Live
Today‹, ›May This Be Love‹, ›Fire‹,
›Third Stone From the Sun‹, ›Re-
member‹, ›Are You Experienced?‹
Neuauflagen enthalten zusätzlich
die ersten drei Experience-Singles
von Jimi Hendrix: ›Hey Joe‹/›Stone
Free‹, ›Purple Haze‹/›The 51st An-
niversary‹ und ›The Wind Cries
Mary‹/›Highway Chile‹.

›Are You Experienced‹

Das Album ›Are You Experienced‹ wurde wenige Tage nach ›The Wind Cries Mary‹ am 12. Mai 1967 veröffentlicht. Es begann mit dem inzwischen zum Live-Klassiker avancierten Titel ›Foxey Lady‹, der von der Fähigkeit dominanter Frauen handelte, ihren Liebhaber um den Finger zu wickeln. Jimi sagte dazu im Juni 1967 (›Music Maker‹): »Mädchen können dich so sehr mißverstehen – wirklich, das können sie. Aber es ist nett, sie um sich zu haben.« Der zweite Titel, ›Manic Depression‹, wurde von Jimi noch während einer Pressekonferenz geschrieben.

28 Cover von Jimis erstem Album ›Are You Experienced‹

›Red House‹ war Jimis erste reine Blueskomposition. Obwohl er den Titel schon einige Monate zuvor geschrieben hatte, war er bisher kaum live gespielt worden – was sich in Zukunft allerdings ändern sollte: ›Red House‹ wurde einer der meistgespielten Live-Titel Jimis. Zu diesem Zeitpunkt allerdings wußten nur wenige Hendrix-Fans, wie tief Jimi im Blues verwurzelt war. Niemand wäre darauf gekommen, den »Wild Man of Rock« als Bluesmusiker zu bezeichnen – seine aktuellen Anhänger nicht, und die Blues-Puristen ebensowenig. Hendrix war zu sehr Teil der Rock-Kreise, als daß jemand in ihm den Bluesmusiker entdeckt hätte. ›Red House‹ zählte zu diesen seltenen Momenten. Unverkennbar ist jedoch der Einfluß des ebenfalls linkshändigen Bluesgitarristen Albert King; besonders Jimis Art, Gitarre zu spielen, ähnelte der seinen. John Lee Hooker schwärmte von Jimi: »Er konnte alles spielen, was er wollte. Er konnte tiefen Blues spielen, was denkst du, was ›Red House‹ sonst ist? Das ist wirklich hart. Dieses ›Red House‹ bringt dich dazu, deine Mutter zu packen und zu erwürgen.«

Für ›Can You See Me‹ zauberte Jimi ein weiteres, unvergeßliches Gitarrenriff aus seiner Trickkiste. Dazu sang er von der gescheiterten Beziehung zu einer Frau, die sein Gefühlsleben wohlweislich ignoriert hatte. Mit einem stechenden, aufheulenden Akkord folgte der nahtlose Übergang zum nächsten Titel, ›Love or Confusion‹. Wieder stand Jimis zerrissene Gefühlswelt im Mittelpunkt des Textes. »Wie heiß fühlt sich die Sonne an?« fragte er wehmütig und fuhr fort: »Mein Herz brennt mit Gefühl, aber mein Geist ist kalt und dreht sich.«

Für ›I Don't Live Today‹ besann sich Jimi seiner indianischen Vorfahren. Von seiner Großmutter Nora hatte er als Kind vom Leidensweg der Indianer erfahren, vom Leben in den Reservaten, von Armut, Hoffnungslosigkeit und von der sozialen Ausgrenzung. In ›I Don't Live Today‹, einem zerfetzten Bluessong, thematisierte er das gegenwärtige Leben der Indianer, das von Arbeitslosigkeit, Drogenproblemen, Alkohol und Verwahrlosung gekennzeichnet war.

»Manche Leute sagen, Tagträumer sind faule Irre, die nichts anderes zu tun haben«, sang Jimi in dem nächsten Song, ›May This Be Love‹, der ursprünglich ›Waterfall‹ hieß und die Liebe mit einem fließenden, durchsichtigen und doch schützenden Wasserfall verglich.

In ›Fire‹ beschrieb er die Anziehung des sexuellen Feuers einer Frau: »Ich habe nur ein brennendes Verlangen – Laß mich nahe an deinem Feuer stehen.«

›Third Stone From the Sun‹ ist eine psychedelische Science-Fiction-Geschichte, die Jimis großes Interesse an diesem Genre deutlich machte.

Spielte man die Vinylplatte mit 66⅔ Umdrehungen pro Minute ab, konnte man einen Dialog zwischen einem fiktiven Scout-Schiff und der Sternenflotte hören. Die Idee stammte aus dem Donald-Duck-Comic ›Officer for a Day‹. Jimi liebte die Werke der Science-Fiction-Literatur; zu seinen Favoriten gehörten Isaac Asimows Romane. Von intergalaktischen Schlachten bis zum baldigen Weltuntergang reichte die Palette der gerne von Jimi verwendeten Metaphern aus dem Sci-Fi-Genre. Auch für UFO-Landungen zeigte er großes Interesse und verarbeitete diese Motive in seinen Texten. »Imagination ist der Schlüssel zu meinen Texten. Der Rest ist ein bißchen mit Science Fiction bemalt«, sagte er. Er las viele Science-Fiction-Bücher und Comics wie ›Mad‹. Außerdem war er ein Fan der englischen TV-Serie ›Goon-Show‹. Musikalisch liefert ›Third Stone From the Sun‹ einen der wenigen direkten Hinweise auf Jimis Interesse für den Jazz. Nur wenige wußten, daß sich Hendrix überhaupt für Jazz und ebenso für Klassik interessierte. Beispielsweise pflegte er den Kontakt zu der Jazz-Legende Miles Davis und ließ sich von dessen Aufnahmen inspirieren und ein wenig beeinflussen.

Über das Titelstück ›Are You Experienced‹ schließlich schrieb der renommierte Musikjournalist und Hendrix-Biograph Harry Shapiro: »Es handelt sich um das majestätische und formvollendete Beispiel einer pathetischen Rockhymne«.

Mannes, der zur Ikone der Hippie-Kultur werden sollte. Zusammen mit dem am 1. Juni 1967 veröffentlichten Beatles-Album ›Sgt. Pepper's Lonely Hearts Club Band‹ lieferte es für die Epoche der psychedelischen Gedankenwelt den perfekten Soundtrack. Am 10. Juni belegten diese beiden Alben den ersten und den dritten Platz der britischen Charts. Die Beatles

The Beatles
›Sgt. Pepper's Lonely Hearts Club Band‹
Im Jahr 1967 waren die Liverpooler »Pilzköpfe« dem ›Yeah-Yeah-Yeah‹-Image entwachsen und veröffentlichen mit ›Sgt. Pepper's Lonely Hearts Club Band‹ den wohl wichtigsten Beitrag zum »Summer of Love« und der Hippie-Ära. Es wurde von Kritikern als erstes Konzeptalbum angesehen und gehört heute zu den Meilensteinen der Rockgeschichte. Die Beatles hatten auf dem Cover die Identität der besungenen Band angenommen und führten die Hörer durch die Songs.

waren von Hendrix minde-
stens ebenso stark beein-
druckt wie er von ihnen. Bei
einem Sommerkonzert im
Londoner Saville Theatre eröffnete die Jimi Hendrix Experience ihr Set mit einer hy-
pnotischen Coverversion von
›Sgt. Pepper's Lonely Hearts
Club Band‹. Das Album war
gerade veröffentlicht worden,
und Jimi mußte das Stück innerhalb von höchstens vier
Tagen auswendig gelernt

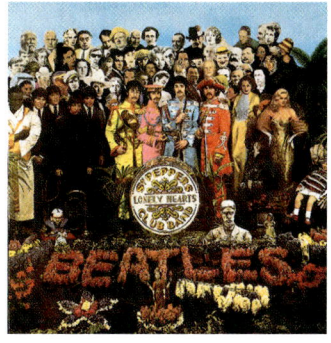

29 Cover von ›Sgt. Pepper's Lonely
Hearts Club Band‹

und einstudiert haben. Die im Publikum sitzenden Bandmitglieder der Beatles, Paul McCartney und George Harrison,
waren total verblüfft.

›Are You Experienced‹ avancierte in den meisten europäischen Ländern schnell zum Bestseller. In Amerika hingegen
interessierten sich nur vereinzelte Insider für die Jimi Hendrix Experience. Einige Exemplare des Debütalbums wurden
zum Verkauf in unabhängigen Plattenläden in die USA ex-
portiert, aber die amerikanischen Radiostationen und Laden-
ketten ignorierten die Veröffentlichung komplett.

Chandler und Jefferey suchten nach der richtigen Einstiegs-
möglichkeit in den amerikanischen Markt. Am erfolgverspre-
chendsten schien, die Jimi Hendrix Experience dem amerikanischen Publikum im Fernsehen oder auf einem großen
Musikfestival vorzustellen – dem Monterey Pop Festival!

Ich konnte es nicht glauben! Pepper war gerade seit vier Tagen auf dem
Markt, und wir saßen im Saville Theatre und warteten auf das Konzert.
Plötzlich steht Jimi auf der Bühne und ›Pepper‹ tönt aus den Verstärkern.
Auf diesen Moment bin ich sehr stolz. Daran zu denken, daß das Album
ihm so viel bedeutete, daß er es am Sonntag nacht schon selbst auf der
Bühne brachte, drei Tage nach dessen Veröffentlichung! Er muß sehr dar-
auf gestanden haben – daß er damit sogar eröffnete. Es war also ein ulti-
matives Kompliment.   *Paul McCartney*

Back in the USA

Vier junge amerikanische Konzertveranstalter – Lou Adler, John Philips, Alan Pariser und der Musikpublizist Derek Taylor – ergriffen im Frühjahr 1967 die Initiative, im Zuge der immer beliebter werdenden Massenveranstaltungen, die im Szenejargon »Happenings«, »Human Be-Ins« und »Love-Ins« genannt wurden, in Kalifornien ein riesiges Musikfestival zu organisieren. Die Musikauswahl für das Monterey Pop Festival traf eine eigens aus Musikern und Fachjournalisten zusammengestellte Jury, der unter anderem Mick Jagger, Brian Wilson von den Beach Boys, Smokey Robinson und Paul McCartney angehörten. Letzterer legte den Veranstaltern die Jimi Hendrix Experience wärmstens ans Herz, so daß die Gruppe schließlich auch verpflichtet wurde.

Am 14. Juni flogen Hendrix, Redding und Mitchell in Begleitung von Chas Chandler und Michael Jeffrey nach New York. Dort stellte sich Jimi der erfolgreichen Konzertagentur Premier Talent vor, die auf Wunsch von Jeffrey die Konzertbuchungen für die Jimi Hendrix Experience übernehmen sollten. Jefferey wollte, daß Jimi im Anschluß an das Monterey Festival noch einige Clubkonzerte in den USA absolvierte.

Am 15. Juni traf die Jimi Hendrix Experience zum ersten Mal in der sogenannten »Hippie-Hauptstadt« San Francisco ein und fuhr von dort direkt nach Monterey, wo die größte Pop-Party der Welt bereits in vollem Gange war. 7500 Zuhörer hatten kommen sollen, aber 30000 kamen. Was im Endeffekt wirklich geschah und welche Bands auf der Bühne spielten, war nebensächlich im Vergleich zu dem Gemeinschafts-, dem

Paul McCartney, der Bassist der Beatles, wurde 1942 in Liverpool, England geboren. Er schrieb gemeinsam mit John Lennon den größten Teil der Songs, die dem Liverpooler Quartett zu Weltruhm verhalfen. Seine Ballade ›Yesterday‹ ist der am häufigsten im Radio gespielte Titel aller Zeiten. Bei den Beatles und im Songwriting galt McCartney als der Sanfte, Melodiöse und Konventionelle. Privat jedoch beschäftigte er sich auch mit experimenteller Musik, Zwölftonmusik und eigenen Songcollagen und war offen für Klassik und Jazz.

Zusammengehörigkeitsgefühl. Zu den 30 000 strömten weitere Menschen, und die Zahl der Anwesenden wurde zuletzt auf 90 000 geschätzt. Das Musikprogramm war bunt und willkürlich. Neben mehr oder weniger bekannten Popbands traten solche mit relaxtem California-Sound auf, dazwischen schwarze Blues- und Soulkünstler wie Otis Redding oder auch Eric Burdon und seine New Animals sowie der indische Sitar-Spieler Ravi Shankar, dessen Auftritt Jimi sich ansah. Zu den heißesten Neuentdeckungen (für den amerikanischen Markt, wohlgemerkt) zählten in Monterey neben der Jimi Hendrix Experience auch The Who und Big Brother & the Holding Company mit ihrer Frontfrau Janis Joplin. Für alle drei bedeutete das Monterey Pop Festival den endgültigen Durchbruch.

Bei den Proben traf Jimi seinen alten Bekannten Buddy Miles wieder, der mit seiner neuen Band The Electric Flag vor Ort war. Miles, der Jimi bei einem Konzert der Isley Brothers in Montreal kennengelernt hatte, zeigte sich von dessen Musik tief beeindruckt. Jimi genoß es, die Zeit mit seinen Musikerkollegen zu verbringen. Er wirkte trotz der Drogen, die in

30   Jimi und Buddy Miles im Golden Gate Park, San Francisco

großen Mengen im Umlauf waren, heiter und entspannt. Vor dem Auftritt kaufte er sich eine zweite Stratocaster und bemalte beide Gitarren in seinem Hotelzimmer, eine mit gelben Kreisen, die andere mit schwarzen. Eine der beiden Gitarren sollte er dann auf der Bühne in einem inszenierten Opferritual verbrennen. »Heute abend hebt das Raumschiff ab«, sagte er vor seinem Auftritt zu Eric Burdon. »Mann, ich bin förmlich am Fliegen!«

Vor Jimis Auftritt am Sonntagabend wurde es allerdings noch einmal ziemlich handfest; in einer lautstarken Auseinandersetzung stritten Jimi und Pete Townshend um die Reihenfolge ihrer Auftritte. Weder Hendrix noch The Who wollten nach dem anderen auf die Bühne gehen, jeder befürchtete, danach blaß zu wirken. Die Entscheidung über die Reihenfolge wurde letztlich von Veranstalter John Philips mit Hilfe einer Münze getroffen: Die Jimi Hendrix Experience spielte nach The Who. Als Kompromiß wurde der Auftritt der Grateful Dead zwischen die beiden Newcomer geschoben. Die Grateful Dead waren sicher die bekannteste Band des Festivals. In ihren Songs brachten sie den Zeitgeist perfekt zum Ausdruck und transportierten die Botschaft des »Sommers der Liebe« weit über die Grenzen von Kalifornien hinaus.

The Who präsentierten mit ihrem atemberaubenden, zerstörerischen Auftritt den ersten großen Höhepunkt des Monterey Pop Festivals. In einem furiosen, ohrenbetäubenden Finale zerschlugen sie zu den Akkorden von ›My Generation‹ ihre Instrumente und Teile ihrer Verstärkeranlage. Niemand im Publikum blieb dabei noch sitzen. Wie nicht anders zu erwarten, wurden die Grateful Dead vom Publikum gefeiert. Eine Wolke von Haschischrauch hing über dem Gelände.

Jimi war fest entschlossen, ganz Amerika mit einem einzigen, unvergeßlichen Auftritt zu überzeugen. Dieser Abend war

The Grateful Dead war die wohl wichtigste Band der psychedelischen Hippie-Bewegung und genossen in Amerika absoluten Kultstatus. Sie wurden 1965 von Jerry Garcia gegründet. Ihre Mitglieder wechselten des öfteren, mit dabei waren u. a. Bob Weir, Phil Lesh, Bill Kreuzmann und Mickey Hart. Neben zahlreichen Live-Konzerten, die den eigentlichen Erfolg der Band ausmachten, lieferten die Grateful Dead auch einen Teil der wichtigsten Alben der psychedelischen Epoche. Die Gruppe löste sich 1995 nach dem plötzlichen Tod von Jerry Garcia auf.

seine Chance. Jetzt konnte er es allen zeigen, die über ihn ge-
spottet und ihn abgeurteilt hatten. Brian Jones, Gitarrist der
Rolling Stones, kündigte Jimi persönlich an: »Ich möchte euch
einen sehr guten Freund vorstellen, einen eurer Landsleute!
Er ist der aufregendste Künstler, den ich je gesehen habe: The
Jimi Hendrix Experience!« In ein flatterndes Rüschenhemd
gehüllt, mit einer pinkfarbenen Federboa geschmückt und
mit einer knallroten Hose bekleidet, betrat Jimi die Bühne.

Die ersten Akkorde von ›Killing Floor‹ erklangen. Jimi legte
sich voll ins Zeug, bearbeitete seine Gitarre ekstatisch, nur
um sie wenige Momente später wieder zu liebkosen, ließ sie
in wilden Rückkopplungen aufheulen und fuhr mit einer trei-
benden, von Acid befeuerten Version von ›Foxey Lady‹ fort.
Danach entledigte er sich seiner Weste und der Federboa und
widmete den folgenden Song denen, die Herzen und Ohren
haben: ›Like a Rolling Stone‹. Spätestens mit seiner Dylan-
Hommage hatte Jimi die letzten Zweifler auf seiner Seite. Bob
Dylan gehörte zu den Helden der jungen Generation, und die
Geste, hier einen seiner Songs zu spielen, wurde von allen ge-
bührend gewürdigt. Es folgte ›Rock Me Baby‹ und ›Hey Joe‹.
Das erste Solo des Songs spielte er komplett mit dem Mund,
das zweite mit der Gitarre hinter dem Kopf. Mit einem langen
Monolog verabschiedete er sich nach drei weiteren Songs
(›Can You See Me?‹, ›Purple Haze‹ und ›The Wind Cries
Mary‹) von seinem Publikum: »Ich könnte den ganzen Abend
hier stehen und mich bedanken, danke, danke, danke. Ich
kann es einfach nicht fassen …, und deshalb werde ich jetzt
etwas opfern, das ich liebe. OK, denkt jetzt bloß nicht, ich wäre verrückt, weil ich das tue. Ich bin absolut nicht verrückt.
Das hier ist für euch alle! Wir kombinieren jetzt die englische
und die amerikanische Nationalhymne, und ihr müßt alle
mitmachen. Seid mir nicht böse.«

Jimi Hendrix live at Monterey
Jimis Auftritt war fast in ganzer
Länge für einen Konzertdokumen-
tarfilm mitgeschnitten worden.
Lediglich bei dem Titel ›Can You
See Me‹ stellte der Regisseur D. A.
Pennebaker die Kameras aus, weil
er neues Filmmaterial einlegen
mußte.

Regie: D. A. Pennebaker
Live-Video, 1967
Titel: ›Killing Floor‹, ›Foxey Lady‹,
›Like a Rolling Stone‹, ›Rock Me
Baby‹, ›Hey Joe‹, ›Purple Haze‹,
›The Wind Cries Mary‹, ›Wild
Thing‹

Als großes Finale gab die Jimi Hendrix Experience ihre Version von ›Wild Thing‹ zum besten, was wirklich einer Hymne gleichkam. Dann öffnete Jimi eine Dose Feuerzeugbenzin und ließ es mit einer theatralischen Geste über den Klangkörper laufen. Mit einer Stichflamme ging seine Gitarre in Flammen

auf, ihre Reste zerschlug er anschließend in einer wilden Gewaltaktion auf der Bühne und rammte das Griffbrett in die Verstärkeranlage. Das Publikum war überwältigt und tobte! Am nächsten Tag flog die Band nach San Francisco zurück und spielte auf einem offenen Transporter beim freien »Panhandle«-Open-Air-Konzert im Golden Gate Park.

Ab dem 20. Juni standen insgesamt zwölf Auftritte im Fillmore West an – das Programm wurde an jedem Abend in einer Früh- und einer Spätvorstellung gespielt. Ursprünglich stand die Jimi Hendrix Experience dort zunächst nur als Vorgruppe von Jefferson Airplane auf dem

31 Jimi verbrennt seine Gitarre beim Monterey Pop Festival

Programm. Aber nach nur einem Abend mußte die Reihenfolge geändert werden. Die Kunde von seinem furiosen Auftritt beim Monterey Pop Festival und den ausverkauften Gigs im Fillmore West hatte sich besonders in Kalifornien wie ein Lauffeuer verbreitet, und die meisten Zuschauer kamen, um

Das **Fillmore West Theater** in San Francisco wurde am 10. Dezember 1965 vom amerikanischen Musikpromoter Bill Graham eröffnet. Die Grateful Dead, Santana, Janis Joplin und Jefferson Airplane wurden im Fillmore entdeckt. Als der Club am 4. Juli 1968 seine Tore schloß, hatten Künstler wie Jimi Hendrix, Cream,

The Who, The Howlin' Wolf oder Muddy Waters zahlreiche Konzerte im Fillmore gespielt. Auch heute noch präsentiert das Fillmore etablierte Livebands wie auch Newcomer.

Hendrix zu sehen. »Hendrix hat Jefferson Airplane gekillt«, erinnerte sich Chandler später. »Erst spielte Big Brother & the Holding Company, dann Jefferson Airplane und am Schluß Jimi.« Alle Konzerte waren so gut wie ausverkauft, und Hendrix erhielt eine um 2000 Dollar erhöhte Gage.

Plötzlich rissen sich die Veranstalter an der Westküste um den Gitarrenvirtuosen. Die Band spielte zweimal in Los Angeles unter anderem im legendären Whiskey A Go Go auf dem Sunset Strip. Die Zeit zwischen ihren Auftritten hatten sie für eine Art Dauerparty genutzt, und langsam stellten sich die ersten Verschleißerscheinungen ein. Michael Jefferey verweilte zwischenzeitlich wieder in New York und bemühte sich, Hendrix als Vorgruppe auf eine landesweite Tournee durch die USA zu hieven. Diesmal ließ ihn sein musikalisches Gespür allerdings zugunsten seines Geschäftssinnes im Stich: Er buchte die Jimi Hendrix Experience als Vorgruppe für die harmlos-fröhliche Teenieband Monkees!

Chas tobte, als er davon hörte. Die Experience hatte sich einen Namen als progressive Rockband gemacht und sollte jetzt im Paket mit einer Teeniegruppe auftreten, einer Band, die Jimi haßte, auch wenn die Monkees, allen voran Peter Tork und Mickey Dolenz, große Hendrix-Fans waren. Monkees-Produzent Tommy Boyce vermutete: » Es war ein absolut privates Anliegen. Sie wollten sich einfach jeden Abend Jimi Hendrix ansehen.« Die Monkees selbst hofften, es würde ihnen gelingen, von der unbedarften Teenie-Band den Sprung in eine anspruchsvollere Liga zu schaffen. Jimi fand es »einfach beschämend, daß uns die Amerikaner mit den Monkees auf Tour schicken! Ich glaube, ich sterbe! Sowas ist richtig peinlich!« Doch aller Protest nutzte nichts, der Vertrag war unterschrieben, und Michael Jefferey war überzeugt, einen ganz dicken Fisch an Land gezogen zu haben.

Den weltweiten Erfolg der Teenieband **The Monkees** (Peter Tork, Mickey Dolenz, Mike Nesmith und Davy Jones) begründete die gleichnamige TV-Serie Mitte der sechziger Jahre. Ihre leichten Popsongs wurden von Neil Diamond sowie von Tommy Boyce und Bobby Hart geschrieben. Ihren ersten Hit hatten die Monkees mit ›Last Train to Clarksville‹, der ursprünglich als Werbung für die Serie veröffentlicht wurde. 1967 erreichte das zweite Monkees-Album ›More of The Monkees‹ mit der Hitsingle ›Pleasant Valley Sunday‹ den ersten Platz der amerikanischen Charts.

Bis zum Beginn der Monkees-Tour blieb Jimi in New York, besuchte seine alte Freundin Fayne Pridgeon und jammte jeden Abend in den Clubs mit jedem, der mochte. Fayne lebte noch immer in Harlem. Von dem Rummel um Jimi hatte sie gar nichts mitbekommen, aber mit einigen Zeitungsausschnitten überzeugte er sie von seinem Erfolg. Sein Auftritt beim Rhein-gold Festival im Central Park vor 18 000 Besuchern überzeug-te sie, wenn sie ihn auch kritisierte: »Es war gut, aber das hat-te nichts mehr mit schwarzer Musik zu tun.« Trotzdem lud sie die Band anschließend zu einer Party zu sich nach Harlem ein.

Im New Yorker Mayfair-Studio nahm Jimi am 7. Juli einen neuen Song, ›The Burning of the Midnight Lamp‹, auf, der in England als vierte Single bei Track Records veröffentlicht wurde und bei dem Jimi zum ersten Mal das Wah-Wah-Pedal einsetzte. Der melancholische Song beschrieb die Gefühlswelt eines einsamen Mannes, der nichts mehr hat als die Erinne-rung an eine vergangene Liebe und die Mitternachtslampe, die er als Trost entzündet.

Am 8. Juli 1967 begann die Monkees-Tournee. Vor einem Pu-blikum zu spielen, das ihn überhaupt nicht verstand und sich auch nicht die geringste Mühe machte, ihn zu verstehen, fru-strierte Jimi enorm. Es war, als sprächen er und seine Musik eine andere Sprache. Das machte ihn wütend und depressiv – und es äußerte sich natürlich in jedem seiner Auftritte. Immer wieder unterbrach ihn das desinteressierte Publikum mit »We-want-the-Monkees!«-Sprechchören, während er sich allabend-lich durch sein fünfundzwanzigminütiges Set quälte. Nachdem Chas Chandler das Dilemma in Forest Hills in New York per-sönlich miterlebt hatte, erklärte er Jefferey, daß die Jimi Hen-drix Experience die Tournee sofort verlassen würde. Die Be-sprechung zwischen Chandler und Jefferey endete in einem

Irgendwann kam Eric Clapton nach New York und die beiden (Clapton und Hendrix) spielten mit uns zwei Nächte hintereinander im Gaslight. Es war wirklich unglaublich! Sie spielten natürlich den Blues, einfachen, schweren Blues.

John Hammond

lauten Streit. Chandler nahm die Fäden nun selbst in die Hand. Damit Jimis Image in Amerika nicht noch mehr Schaden nahm, erfand er die offizielle Begründung, daß die Jimi Hendrix Experience zu obszön für das zarte Publikum der Monkees war und daher gefeuert wurde. »Wahrscheinlich werden sie mich jetzt durch Mickey Mouse ersetzen«, meinte Hendrix bissig.

Allzu weithergeholt war Chandlers Scheinargument allerdings nicht; Jimis Art, Gitarre zu spielen, sie zu liebkosen und in eindeutigen Bewegungen fast Liebe mit ihr zu machen, hatte genügend kritische Stimmen auf den Plan gerufen. »Für mich ist das kein vulgärer Sex«, verteidigte sich Jimi. »Bei mir passiert das ganz spontan, es ist nicht vorausgeplant. Ich ziehe da keine Nummer ab, es ist eine Frage meines augenblicklichen Zustands. Meine Musik, mein Instrument, mein Sound, mein Körper – alles bildet eine Einheit mit meinem Geist … Nun, ich bin beim Spielen einfach total weggetreten. Es ist eine Art höherer Kontakt zwischen mir und der Musik. Die momentane Musik ist für mich jedesmal wie ein schneller, anhaltender Höhenflug.«

Am Ende des Monats tauchte Jimi auch wieder in Ed Chalpins PPX-Studios auf und jammte. Vielleicht hoffte er, Ed damit zu besänftigen und die Dinge bereinigen zu können, vielleicht wollte er auch nur alte Freunde wiedersehen. Was er nicht wollte und zunächst auch nicht wußte, war, daß die Sessions aufgenommen, z. T. mit Gesang und weiteren Instrumenten aufgemotzt und von Capitol Records veröffentlicht wurden. Jimi war wie vor den Kopf geschlagen. Die sowieso schon angespannte Situation zwischen Track/Polydor und PPX wurde durch diese Aufnahmen noch zusätzlich verschärft.

32 The Monkees

Warner Brothers warf das Album ›Are You Experienced‹ in einer Blitzaktion in Amerika auf den Markt. Gegen Jimis Willen wurden die Songs ›Can You See Me‹, ›Red House‹ und ›Remember‹ durch die drei europäischen Singles ›Hey Joe‹, ›Purple Haze‹ und ›The Wind Cries Mary‹ ersetzt. Dies schadete zwar der Identität des Albums, war aber trotzdem nützlich, weil so zwei von Jimis besten Songs dem amerikanischen Publikum zugänglich gemacht wurden. Als Singles waren sie in den USA bereits allesamt gefloppt.

Für Hendrix war die Änderung der Songauswahl lediglich ein Vorwand der Plattenfirma, um seine Blueseinflüsse vor dem amerikanischen Publikum zu verbergen: »Alle hatten Angst, ›Red House‹ in Amerika zu veröffentlichen«, mutmaßte er. »Man behauptet hier: Amerika mag den Blues nicht.«

Bis Mitte August blieben Hendrix, Redding und Mitchell noch in den USA und spielten im New Yorker Salvation Club und im Ambassador Theater in Washington, bevor sie nach Los Angeles zurückkehrten. Dort wählte sein Management erneut das falsche Umfeld für Hendrix. Zwischen dem Flower-Power-Sänger Scott McKenzie, einem Streichquartett und The Mamas & the Papas im legendären Hollywood Bowl zu spielen, war vielleicht eine Ehre, aber ihr eigentliches Publikum erreichte die Jimi Hendrix Experience an diesem Abend wieder nicht. Frustriert zerschlugen die Musiker am Ende ihres Auftritts sämtliche Instrumente und sorgten für einen Anblick der Zerstörung auf der Bühne. Dennoch flogen sie mit einem guten Gefühl nach London zurück.

Ich ging in einen Plattenladen und sah diese Platte von mir. Als ich sie auflegte, fand ich heraus, daß ich während der Jam-Session, die ich in New York gemacht hatte, aufgenommen worden war. Dabei hatten wir nur im Studio geprobt, und ich hatte nicht die geringste Ahnung, daß ich aufgenommen worden war ... Mann, war ich geschockt, als ich das hörte.
Jimi Hendrix

On the top

Als die Band nach London zurückflog, war ihre Single ›The Burning of the Midnight Lamp‹ gerade seit zwei Tagen auf dem Markt. Zur Promotion stand ein Auftritt in der beliebten Hitparadensendung ›Top of the Pops‹ an, die den größten Teil der britischen Teenager regelmäßig einmal in der Woche vor die Mattscheibe lockte. Trotzdem sollte der Single ›The Burning of the Midnight Lamp‹ nicht der erhoffte Erfolg beschieden sein; sie kam nur auf Platz 18. Um so erfolgreicher war dafür der Einstieg der Band in Amerika: Die Single ›Purple Haze‹ sowie das zugehörige Debütalbum entwickelten sich zu einem großen Hit.

Chas Chandler begann sich den Kopf darüber zu zerbrechen, daß seine Band inzwischen besorgniserregende Mengen von LSD und anderen psychedelischen Drogen konsumierte. LSD war 1967 zur Modedroge Nummer Eins avanciert. Kaum jemand in der Londoner Musikszene konnte von sich behaupten, es noch nie ausprobiert zu haben, und die Musiker fanden es witzig, sich gegenseitig LSD oder andere Mittelchen in die Drinks zu schütten. Jimi begab sich so häufig auf den kosmischen

33 Die Jimi Hendrix Experience unterwegs

Trip in die psychedelische Anderswelt, daß auch einige Freunde anfingen, sich Sorgen zu machen. Doch er sah die Trips als Inspirationsquelle, wollte die Visionen, die er dort erlebte, in seiner Musik verarbeiten.

Der freizügige Umgang mit Drogen und Medikamenten forderte bald sein erstes prominentes Opfer. In der Nacht zum 27. August starb Brian Epstein in seiner Londoner Wohnung an einer Überdosis Tabletten. Der Tod des Managers der Beatles schockte die Musikwelt. Epstein, dessen musikalisches Gespür durch den phänomenalen Erfolg seiner Künstler hoch geachtet war, hatte Hendrix zu vielen Gelegenheiten stets als großartigen Künstler gepriesen. Die Jimi Hendrix Experience spielte am Abend des 27. August zwar wie geplant in Epsteins Saville Theatre, aber der Auftritt am folgenden Tag wurde abgesagt. Wie es hieß, sollte Rücksicht auf Epsteins Freunde und Angehörige genommen werden. Aufs Spielen wollte Jimi trotzdem nicht verzichten und jammte statt dessen mit der Gruppe Fairport Convention.

Am 29. August war die Jimi Hendrix Experience auf dem Nottingham Blues Festival zu sehen und trat neben etablierten Blues-Ikonen wie John Baldry und Jimmy Cliff auf. Jimi freute es besonders, daß seine Musik auch in der Blues-Szene gehört und von echten Blues-Puristen akzeptiert wurde – eine Selbstverständlichkeit war das nicht. Auch wenn Jimis Musik

---

34 **Brian Epstein** (1934–1967), Sohn jüdischer Kaufleute, führte das Schallplattengeschäft NEMS in Liverpool, bevor er 1962 Manager der Beatles wurde, ihnen einen Plattenvertrag besorgte und die Band in allen ihren Bemühungen und Plänen mit unermüdlichem Einsatz unterstützte. Er blieb bis zu seinem Tod Manager der Gruppe, obwohl sich seine Aufgaben zuletzt nur noch auf Kleinigkeiten beschränkten, da die Beatles 1966 beschlossen, keine Konzerte mehr zu geben. Nach Epsteins Tod gründeten die Beatles ihre eigene Firma (Apple Records).

ganz offensichtlich auf dem Blues basierte, wurde der Name Hendrix in keinem Blues-Magazin Amerikas (und in keinem Blues-Archiv) aufgeführt. »Ich kenne kein Blues-Magazin, das einen Artikel über Jimi Hendrix geschrieben hätte!« empörte sich Michael J. Fairchild 1994 in seinem Essay über Jimi als Blues-Gitarristen. Die Blätter verfolgten geradezu puritanisch ihre »Glaubensrichtung« – und für diese war Jimis Spiel nicht rein genug. Denn so sehr Jimi den Blues liebte – »wer zum Teufel will ihn schon für den Rest des Lebens spielen? … Ich liebe den Blues, aber ich möchte ihn nicht jede Nacht spielen. Auch wenn ich Howlin' Wolf und Otis Rush mag, gibt es einige Blues-Nummern, die mich wirklich krank machen.« Er ärgerte sich darüber, daß die Menschen »ungehalten und eingeschnappt« reagierten, wenn man versuchte, sein Repertoire zu erweitern.

Nach einem Zwischenstop für Radio- und Fernsehaufnahmen in Berlin flog die Jimi Hendrix Experience Anfang September erneut nach Schweden. Wo sie dort auch spielte, wurde die ganze Band begeistert gefeiert. 8000 junge Skandinavier strömten an zwei Abenden ins Stockholmer Tivoli, um den exotischen Star aus London zu bewundern. Vom Erfolg beflügelt, bauten Hendrix, Mitchell und Redding ihr überschüssiges Adrenalin bei wilden Hotelparties ab, vergnügten sich nach jeder Show mit Groupies – Jimi kam später mit einer angeblich unehelichen Tochter in die Schlagzeilen –, Drogen und Alkohol und zerlegten manches Mal auch die Hoteleinrichtung in ihre Einzelteile. Ein paar Mal kamen sie dadurch auch in Konflikt mit den schwedischen Ordnungshütern.

Britische Bands benutzten die skandinavischen Länder gern als Übungsterritorium für ihre Tourneen. Das Publikum war dort in der Regel sehr enthusiastisch und hungrig auf neue Musik; zudem konnten sich die Gagen sehen lassen. Selbst

---

Man kann uns nicht so einfach einordnen, aber sie werden es auf Teufel komm raus versuchen … Es wird noch eine Weile dauern, bis wir die Leute, die uns abstempeln, mit unserem Sound wirklich erreichen. Das ist wie mit den Cowboys und den Indianern. Alle Indianer sind böse, weil sie Tripper haben – und wenn da jetzt plötzlich etwas daherkommt wie die Experience, die ganz anders ist, kriegen diese Pauschalisierer einfach Angst.

Jimi Hendrix

Top Acts wie The Who oder Eric Clapton probierten ihre jeweils neue Show häufig erst einmal vor nordischem Publikum aus und spielten sich dort warm, bevor sie zu Hause vor das als kritisch geltende britische Publikum traten. Die Jimi Hendrix Experience hatte auf diese Weise in Schweden eine treue Fangemeinde gewonnen und fühlte sich im hohen Norden ausgesprochen wohl. Außerhalb von Großbritannien und Nordamerika fanden die meisten Hendrix-Konzerte auf skandinavischem Boden sowie in Frankreich statt. Für Jimi war das besonders wichtig, denn die Band probte praktisch nicht. »Es sind spontane Konzerte«, erläuterte er, der die Improvisation sowieso mehr liebte als reglementiertes Spiel, das nur im Wiederholen der Plattenaufnahme bestand. Als Rückgrat hielt Noels Baßspiel den Sound der Band zusammen, darüber improvisierten Mitch und Jimi oft ausschweifend. Die Spontaneität und die Improvisationsfreude der Band gehörten zu ihren wesentlichen Charakteristika.

Nach einigen Liveauftritten in England und einer Aufnahme für den soeben von der BBC ins Leben gerufenen Popsender Radio One ging die Band zur Vorbereitung ihrer zweiten Langspielplatte wieder ins Olympic Sound Studio in Barnes und begann dort, intensiv an neuem Songmaterial zu arbeiten. Da die Plattenfirma Track Records von allen Künstlern zwei komplette Alben im Jahr erwartete, drängte bereits die Zeit. Das Nachfolgewerk von ›Are You Experienced‹ sollte noch rechtzeitig zum Vorweihnachtsgeschäft in den Schallplattengeschäften stehen.

Nach den ersten Erfahrungen im Studio wußte Jimi, worauf er sich einließ und was er im Studio mit seiner Musik erreichen konnte und wollte. Er war nicht mehr bereit, sich in die Ideen und die Musik, die er im Kopf hatte, von jemand anderem hineinreden zu lassen. »Jimi hatte eine ausgesprochen klare

Proben machen wir nur, um technische Dinge herauszufinden und um zu hören, wie die Verstärker klingen. Spontan kann ich mich am besten ausdrücken. Und durch diese Spontaneität entwickeln wir uns ständig weiter.

Jimi Hendrix

Vorstellung vom dem, was er tat, und wie das Resultat zu klingen hatte«, erklärte Kramer. »Bei den Sessions gab es keine Vorbesprechungen, wir arbeiteten stets spontan. Aber Jimi hatte genau im Kopf, was er machen wollte und wie das Solo, das er gerade spielte, später klingen würde. Er hatte einen ganzen Textstapel zur Auswahl und setzte jedes Gitarrensolo, jeden Ton, jedes Overdub ganz gezielt ein. Auch die rückwärts einge-spielten Passagen waren kein Gimmick, sondern sorgfältig ausgearbeitete Soundideen.« Kramer verstand Hendrix, sei-ne Musik und vor allem auch,

35 Jimi bei der Studioarbeit, hier in den TTG-Studios

was der Gitarrist damit aussagen und erreichen wollte. Das Ergebnis sollte laut Jimi folgendermaßen klingen: »Wir haben versucht, den meisten der ausgeflippten Stücke eine andere Dimension zu verleihen, als ob sie direkt vom Himmel fallen würden.« Voll und ganz auf einer Wellenlänge, rückten Eddie Kramer und Hendrix immer näher zusammen. Jimi begann, seine Klänge mit Farben zu umschreiben; seiner Meinung nach war es möglich, Emotionen mit Hilfe von Farben auszudrük-ken: »Manche Gefühle lassen sich als Farben empfinden. Eifer-sucht ist beispielsweise violett, Neid grün.«

Jimi probierte gern stundenlang Dinge aus und ließ Kramer mit den verschiedenen Tonspuren herumexperimentieren. Er

Wir spielen auf eine sehr freie Weise zusammen – dadurch hat jeder die Möglichkeit, seine Sache zu spielen, seine eigenen Gefühle auszudrük-ken. Ich bin von dieser Gefühlskiste absolut überzeugt. Der Klang einer funkig gespielten Gitarre versetzt mich in völlige Aufregung, das geht mir durch und durch ... Ich kann da fast reinkriechen. Ich spiele wirklich nicht so gut, ich versuche nur, mein Gefühl zu beschreiben, ein Gefühl, das durch Klänge ausgelöst wird.

Jimi Hendrix über die Experience-Band

liebte Studioarbeit und blühte auf, wenn er sich so konzentriert seiner Musik widmen konnte. Wesentlich beteiligt an seinem speziellen Klang war auch der Soundtüftler Roger Mayer. »Das Geheimnis meines Sounds liegt weitgehend im elektronischen Genie unseres stillen Forschers, der als Roger ›the Valve‹ Mayer bekannt ist. Er hat meine Gitarren neu verkabelt, so daß ein individueller Sound entsteht. Außerdem hat er mir eine phantastische Fuzz-Tone gebaut. Das ist sehr schön auf unserer neuen LP ›Axis: Bold as Love‹ zu hören. Bei ›One Rainy Wish‹ und ›Little Miss Lover‹ hat er einen ganz besonderen Sound aus der Gitarre herausgeholt. Er kommt eine ganze Oktave höher an. Wenn wir hohe Töne spielen, klingt es wie ein Pfeifen oder eine Flöte …«

Und während Kramer über sich hinauswuchs und es liebte, von Jimi gefordert zu werden, immer neue Wege zu gehen, geriet Chandler im Studio immer mehr ins Abseits. Auf Chas hörte Jimi überhaupt nicht mehr. Er hatte seine Musik im Kopf und wollte sie durchsetzen. Gelegentlich stritten Chas und Jimi sich offen und heftig. Chas dachte als Manager an die Kommerzialität und die Kosten (jeder Studiotag kostete bares Geld, und er mußte als Produzent und Manager auch das Budget überwachen), Jimi nur an seine Musik.

Auch Noel Redding fühlte sich im Studio nicht wohl, fand Jimis endlose Soundexperimente nervenaufreibend und wollte die Aufnahmen so schnell wie möglich hinter sich bringen. »Noel weigerte sich oft, das zu spielen, was Jimi ihm zeigte«, beschrieb Eddie Kramer die angespannte Atmosphäre innerhalb der Band. »Mitch Mitchell konnte hingegen förmlich sehen, was Jimi dachte«, und hatte nie ein Problem damit, dessen facettenreiche Ideen umzusetzen. Immer öfter überließ ihm Jimi kleine Passagen, in denen er sich musikalisch austoben konnte – wie im Song ›Ain't no Telling‹.

Es gab nichts, was er nicht ausprobierte. Im Studio war er einfach wunderbar, ein absolut lustiger Typ. Er lachte immerzu und machte keine Pausen. Denn für ihn war Studioarbeit der reine Spaß …

Eddie Kramer

Nicht nur durch die auftretenden Meinungsverschiedenheiten unterschied sich die Studio-Atmosphäre von früheren Sessions. Die Nachricht, daß Jimi Hendrix im Olympic Sound an einem neuen Album arbeitete, zog zahlreiche Musikerkollegen, Freunde und Szeneleute nach Barnes. Jeden Tag wimmelte es nur so von Studiogästen, die es einfach cool fanden, der Entstehung eines neuen Hendrix-Werks beizuwohnen – dabei im Weg standen und die Band bei der Arbeit behinderten. »Eddie Kramer mochte es nicht, wenn wir im Studio Dope rauchten. Er beschwerte sich immer über die vielen Leute im Studio, die dort einfach ihre Party feierten.« Jimi aber konnte und wollte einfach nicht »nein« sagen, wenn Freunde oder manchmal einfach nur Fremde ihn baten, einmal im Studio dabei sein zu dürfen.

Mit einer Ausnahme: Nach wie vor fühlte sich Jimi vor dem Mikrophon enorm unsicher und verbat sich, daß ihm jemand beim Singen zusah. Aus diesem Grund wurde während der Gesangsaufnahmen meist die Beleuchtung ausgeschaltet, um ihm seine Privatsphäre zu ermöglichen.

Ende Oktober, in der Halloween-Nacht, wurden die Albumaufnahmen – in Stereo, was damals noch recht neu war –

36   Bei den Aufnahmearbeiten waren oft viele Studiogäste anwesend

nach 16 Tagen Arbeit offiziell abgeschlossen. Zumindest so gut wie: Jimi nahm die »Bänder mit, weil er sie Freunden vorspielen wollte. Als er mit dem Taxi nach Hause kam, hatte er nur noch die B-Seite des Albums bei sich. Die A-Seite hatte er irgendwo verloren …«

In einer einzigen Nachtsession mußte die ganze erste Seite des Albums komplett neu abgemischt werden. Für Kramer ein einziger Alptraum: »Die Original-Mixe waren kleine Kunstwerke in sich. Viele Ideen konnten wir nicht mehr reproduzieren, und sie waren leider für immer verloren.« Besondere Schwierigkeiten bereitete der Song ›If Six Was Nine‹: »Wir haben das einfach nicht mehr hinbekommen«, gab Chandler verärgert zu. »Wir sagten zu uns: Das ist irgendwie nicht der Sound, den wir beim Original hatten. Noel hatte dann noch ein altes Demo von ›If Six Was Nine‹, das wir im Juni produziert hatten, und wir schickten jemanden im Taxi zu seiner Wohnung, um es zu holen. Das Band war inzwischen verknittert, und wir mußten es regelrecht bügeln, um es noch abspielen zu können.« Aus Mangel an Alternativen gelangte schließlich eine Kopie des Demos auf das endgültige Album. Chandler fand an der ungewöhnlichen Aufnahme jedoch Gefallen.

Vor der Veröffentlichung des Albums ging die Band auf Tournee. Die vielversprechenden Neuentdeckungen Pink Floyd und Amen Corner wurden als Vorgruppen verpflichtet. Nach einem grandiosen Tourstart in der Londoner Royal Albert Hall konnte die Jimi Hendrix Experience ihre Fans allerdings nicht überall überzeugen. Besonders in den nordenglischen Städten Blackpool, Sheffield und Chatham reagierte das Publikum recht verhalten. In Irland hingegen nahmen die Zuschauer das Programm der Jimi Hendrix Experience mit größerer Begeisterung auf. Nach einem gelungenen Konzert in der nordirischen Stadt Belfast feierte Jimi seinen 25. Geburtstag in seiner

Noch heute hören Eddie und ich manchmal, daß wir auf ›If Six Was Nine‹ einen unglaublichen Sound kreiert haben. Wenn die Leute wüßten, wie der wirklich entstanden ist!

Chas Chandler

Garderobe mit einer großen Torte. Die Tournee endete am 5. Dezember im schottischen Glasgow; die letzten Konzerte wurden gefilmt. Die BBC hatte einen Dokumentarstreifen über Hendrix in Auftrag gegeben, der unter dem Titel ›Experience‹ in Großbritannien ausgestrahlt und gleichzeitig in amerikanischen Programmkinos laufen sollte. Regisseur John Marshall filmte Hendrix auf Tournee, führte Interviews mit allen Bandmitgliedern und schnitt Teile einiger Livekonzerte mit. Es sollte Jimis letzte landesweite Tournee durch Großbritannien bleiben. Die Band wurde zu populär, um in Hallen mit 1500–2000 Sitzplätzen spielen zu können, und größere Hallen gab es nur in der Hauptstadt. Festivals boten eine attraktive Alternative. Auf dieser Tournee mit ihren ausverkauften Hallen wurde offensichtlich, daß die Experience Stars geworden waren.

Am 1. Dezember wurde das zweite Album der Jimi Hendrix Experience, ›Axis: Bold as Love‹, in England veröffentlicht. Als »Axis« bezeichnete Jimi nicht nur die Erdachse, sondern auch die Verbindung zwischen Himmel und Erde. Sie ist das, was alles zusammenhält und Veränderungen hervorruft. Veränderungen in der Erdachse führen in gewissen Abständen von vielen tausend Jahren zur Verschiebung der Kontinente. Jimi übertrug diesen Vorgang der totalen Veränderung auf den einzelnen Menschen. Auf Platz 8 stieg das Album in die Charts ein. Der ›Melody Maker‹ beschrieb die Platte als »unfaßbar gut«, das Konkurrenzblatt ›Record Mirror‹ lobte: »Ganz ohne Zweifel ein Hitalbum!« Und das amerikanische Musikmagazin ›Rolling Stone‹ fand: »›Axis‹ ist das beste Voodoo-Album, das je eine Rockgruppe produziert hat.«

Im alten Jahr stand jetzt nur noch ein einziger Auftritt an, das »Christmas-on-Earth-Continued«-Festival im Messezentrum Olympia in London. Für dieses Mega-Event hatten neben der Jimi Hendrix Experience auch The Who, Eric Burdon

The Jimi Hendrix Experience
›Axis: Bold as Love‹
VÖ: 1. Dezember 1968,
Produzent: Chas Chandler
Titel: ›EXP‹, ›Up From the Skies‹,
›Spanish Castle Magic‹, ›Wait Until
Tomorrow‹, ›Ain't no Telling‹,
›Little Wing‹, ›If Six Was Nine‹,
›You Got Me Floatin'‹, ›Castles
Made of Sand‹, ›She's so Fine‹, ›One
Rainy Wish‹, ›Little Miss Lover‹,
›Bold as Love‹

37 Cover des zweiten Jimi-Hendrix-Albums ›Axis: Bold as Love‹

Axis: Bold as Love

Auf dem Opener ›EXP‹ frönte Jimi seiner Leidenschaft für Science Fiction: Nach ein paar leisen Gitarrentönen diskutiert ein Radiosprecher die Frage »Gibt es fliegende Untertassen bzw. UFOs oder nicht?« Zum Schluß donnert ein Wall aus Gitarrenfeedback, Stimmen und Statikgeräuschen aus dem Lautsprecher.

Das zweite Stück, ›Up From the Skies‹, zeugt von Jimis Liebe zum Jazz. Der kritisch-zweifelnde Text war zum einen an die Adresse der Hippies gerichtet, behandelte aber gleichzeitig das Thema der Wiedergeburt in eine »verbrannte Welt«.

Es folgte eine Trilogie von Liebesliedern: ›Spanish Castle Magic‹, ›Wait Until Tomorrow‹ und ›Ain't no Telling‹. Der wohl schönste Song des Albums aber ist die Ballade ›Little Wing‹. Jimi beschreibt darin einen weiblichen Engel, der in den Wolken lebt und auf die Erde herunterkommt, um ihn zu trösten, wenn es ihm schlecht geht.

In ›If Six Was Nine‹ besang Jimi auf resignierte, fast fatalistische Art das Ende der Welt. Der Songtitel bezog sich auf das chinesische I-Ching. Darin steht die Zahl Sechs für die Erde, die Neun für den Himmel.

Seit er LSD nahm, hatte Jimi auch begonnen, sich mit Esoterik zu beschäftigen. Bücher wie Aldous Huxleys ›Pforten der Wahrnehmung‹ von 1954 waren ihm vertraut. Schon zuvor allerdings hatte er sich, angeregt durch seine Großmutter, mit der Mythologie der Hopi-Indianer beschäftigt wie auch mit Voodoo-Religion und Riten. Entschieden trat er daher auch für die Legalisierung bewußtseinserweiternder Drogen ein.

›You Got Me Floatin'‹ war ein Song voll sexueller Anspielungen; ›Castles Made of Sand‹ behandelte die Vergänglichkeit des Lebens.

Mit ›She's so Fine‹ steuerte Noel seinen ersten eigenen Titel bei, den Jimi ziemlich lustlos einspielte; er war ihm zu banal, zu gewöhnlich.

Im Walzertakt erklangen die Strophen des nächsten Songs, ›One Rainy Wish‹, bei dem Jimi im Refrain wieder in den gewohnten Vier-Viertel-Takt zurückfand. Im Text beschreibt er einen angeblichen Traum, der viel eher ein psychedelischer Acid-Trip gewesen sein könnte. Musikalisch besticht der Song durch sein neuartiges, ungewöhnliches Arrangement, bei dem der volle Klang der Stratocaster-Gitarre im Vordergrund steht.

Das Liebeslied ›Little Miss Lover‹ gehörte zu den kommerziellsten und eingängigsten Stücken des Albums.

Den abschließenden Höhepunkt des Albums bildete der Titelsong ›Bold as Love‹. Die ersten Akkorde klingen zwar recht aggressiv, doch dann wandelt sich das Stück in eine melodische Ballade. In überbordend bildhafter Sprache setzte sich Jimi mit seinen eigenen Emotionen auseinander, vor allem seiner fast krankhaften Eifersucht.

& The New Animals, The Move, Pink Floyd, Soft Machine, Traffic sowie einige aktuelle Newcomer zugesagt. Teile der Show und Szenen hinter den Kulissen wurden gefilmt und später in dem Film ›See My Music Talkin'‹ verwendet, der zum ersten Mal am 27. April 1968 beim Filmfestival in Montreux in der Schweiz gezeigt wurde.

Nach einem turbulenten Jahr – 1967 hatte die Experience 255 Konzerte in Europa und Amerika gegeben, zwei komplette Alben und diverse Singles aufgenommen – hätte sich Jimi gern eine musikalische Schaffenspause gegönnt. In einem Interview verriet er: »Ich würde gerne ein halbes Jahr pausieren und in der Zwischenzeit eine Musikschule besuchen.« Jimi, der Noten weder lesen noch schreiben konnte, war es leid, bestimmte Dinge musikalisch nicht umsetzen zu können, obwohl er sie in seinem Kopf hörte: »Ich möchte mythologische Erzählungen schreiben und diese auf eine Weise vertonen, die etwas mit dem Kosmos zu tun hat und meinen Ideen entspricht. Es wäre sicher keine klassische Musik, aber ich würde Streicher und Harfen einsetzen.« Die Fans empfanden Jimis Ankündigung eher als Drohung, statt sich auf neue musikalische Strukturen zu freuen. Redding und Mitchell schlossen sich den Wünschen ihres Publikums an und blockten musikalische Veränderungen ab, doch Hendrix fürchtete nichts mehr als Stagnation. Auch war er es leid, den Clown zu spielen. »Man kann wirklich nur ausflippen, wenn man sich danach fühlt. Und ich habe mich oft danach gefühlt. Mann, aber wenn ich das ständig machen würde, wäre ich schon seit zwei Jahren tot.«

Die ersehnte Pause war Jimi nicht vergönnt, denn das neue Jahr begann, wo das alte geendet hatte: auf Tournee. Das erste Konzert des Jahres 1968 fand am 4. Januar in der eingeschneiten schwedischen Stadt Göteborg statt. Im Hotel stürzte Jimi haltlos ab. Mitch erinnert sich: »Wir wußten, daß Jimi

In fünf Jahren möchte ich Theaterstücke schreiben und auch Bücher. Ich möchte auf einer Insel sitzen – auf meiner eigenen Insel – und meinen Bart wachsen hören. Und dann komme ich zurück und fange wieder von vorne an!

Jimi Hendrix (›Newsweek‹-Interview)

nie viel trank. Wenn er aber trank, besonders Whisky, hatte das schlimme Folgen … Auf jeden Fall geriet er außer sich, als jemand versuchte, in sein Zimmer zu gelangen … Wir hörten das Spektakel und schauten nach, ob wir ihn beruhigen konnten. Ich nahm Jimi mit auf mein Zimmer. Daraufhin fing er an, mit Gegenständen durch die Gegend zu werfen. Irgendwie kämpften wir mit ihm und zerrten ihn wieder auf den Korridor zurück …, warfen ihn zu Boden und setzten uns auf ihn. Er hatte ein Spiegelglasfenster in meinem Zimmer zertrümmert.« Und sich dabei die Hand zerschnitten, so daß sie genäht werden mußte. Er selbst wurde verhaftet und mußte die Nacht hinter – im wahrsten Sinne des Wortes – »schwedischen« Gardinen verbringen. Am nächsten Morgen zahlte Jimi eine Strafe in Höhe von knapp 9000 schwedischen Kronen, und die Tournee wurde in Dänemark, England und Frankreich fortgesetzt.

Hatte die Band ein paar Tage frei, arbeitete sie mit Eddie Kramer und Chas Chandler im Olympic Sound Studio bereits wieder an neuen Demos. Oder jammte mit Bands wie Traffic, die nebenan aufnahmen. Ihr Gitarrist Dave Mason nutzte die sich bietende Gelegenheit, bei ein paar Nummern von Jimi Hendrix mitzumachen. Er spielte exotische Instrumente wie die indische Sitar und steuerte zu einigen Songs Backing Vocals bei. Darüber hinaus spielte Jimi zwei Gitarrensoli auf einem Album der Ex-Scaffold-Musiker Roger McGough und Mike McGear, dem Bruder Paul McCartneys. Paul selbst agierte dabei ebenfalls als Sessionmusiker sowie als Produzent. Natürlich wollte er das öffentliche Interesse an einer Veröffentlichung seines bis

38 Jimi bei seinem Konzert in der Hollywood Bowl am 18. August 1967

dahin eher erfolglosen Bruders durch die Mitwirkung promi-
nenter Studiomusiker steigern. Das Album ›McGough & Mc-
Gear‹ wurde in den De-Lane-Lea-Studios eingespielt. Hendrix
war auf den Titeln ›So Much‹ und ›Ex-Art Student‹ zu hören.

›Axis: Bold as Love‹ wurde nachträglich, am 10. Januar 1968,
in Amerika veröffentlicht und plazierte sich dort, schon anhand der Vorbestellungen, genauso schnell in den Charts wie
zuvor in Europa. ›Are You Experienced?‹ hatte sich in Amerika innerhalb weniger Monate über eine Million Mal verkauft,
und der Song ›Purple Haze‹ nahm ein Eigenleben an; er galt
fortan als Jimi-Hendrix-Klassiker. Auf der anderen Seite des
Atlantiks ließ sich jetzt wirklich das große Geld verdienen,
denn Hendrix war in seiner Heimat zum anerkannten Superstar avanciert. Während die Gagen in Europa nur selten über
500 englische Pfund hinausgingen, konnte die Band in den
USA an einem Abend eine Rekordgage von bis zu 25 000 Dollar
einstecken.

Seine beiden Manager gründeten in New York die Firma
Jefferey & Chandler Incorporated, um die Vermarktung ihres
»Produkts« vor Ort besser überwachen zu können, und buch-
ten eine erste großangelegte Tournee mit über 60 Auftritten
quer durch die Vereinigten Staaten und Kanada. Manche Konzerte fanden in Clubs statt, bei anderen wurde mit einer Zu-
schauerzahl von bis zu 20 000 Leuten gerechnet, was für alle
Beteiligten einen gesunden Profit versprach. Jimi liebte die
Clubs und die Nähe zum Publikum.

Zum ersten Mal fungierte Jefferey bei einer Tournee als ei-
genverantwortlicher Veranstalter. So konnte er die jeweiligen
Agenturprovisionen in Höhe von bis zu 20% sparen. Lediglich die Konzerte in San Francisco überließ er Veranstalter Bill
Graham – aus Dank für dessen Unterstützung nach dem Monterey Festival. Jefferey stellte ein Programmpaket mit aus-

In den verräucherten, schmutzi-
gen, verschwitzten Clubs erreicht
man die Leute wirklich. Das ist
viel besser als 2000 Meilen vom
Publikum entfernt auf einer Rie-
senbühne zu stehen!

Jimi Hendrix

schließlich englischen Bands zusammen, das er als die »zweite Britische Invasion« anpries. Clever, wie er war, buchte er einige der Bands aus dem eigenen Management-Stall, beispielsweise Soft Machine, Eric Burdon mit den New Animals und die Alan Price Group für das Vorprogramm.

Unter dem Motto »The British are coming!« fand zur Ankunft am 30. Januar ein großangelegter Presseempfang auf dem Flughafen statt. Journalisten von renommierten Zeitungen wie der ›New York Times‹ drängten sich zusammen mit Vertretern der Musikzeitschrift ›Rolling Stone‹ und den Schreibern einiger alternativer Szenepublikationen.

Am nächsten Tag flogen die Musiker mitsamt ihrer Begleitung nach San Francisco, wo die Tournee mit acht aufeinanderfolgenden Konzerten an vier Abenden im Fillmore West und im benachbarten Winterland Club begann. Bei diesen Konzerten traten u. a. die Blues-Legende Albert King sowie der britische Blues-Purist John Mayall im Vorprogramm auf, während Eric Burdon und Soft Machine abwechselnd spielen mußten. »Es war das erste Mal, daß ich ihn wiedersah, nachdem er Tennessee verlassen hatte«, freute sich Albert King. »Das war fünf Jahre her, und er hatte diese heiße Platte draußen. Ich ging in die Garderobe, und wir lachten und redeten und umarmten uns.«

Selbst als Hauptgruppe spielte die Jimi Hendrix Experience nur ungefähr eine Stunde lang. Zum regulären Programm gehörten Titel wie ›Tax Free‹, ›Catfish Blues‹, ›Manic Depression‹, ›Sgt. Pepper's Lonely Hearts Club Band‹, ›Purple Haze‹, ›Foxey Lady‹, ›Wild Thing‹, ›Like a Rolling Stone‹ sowie ›Spanish Castle Magic‹ und ›Little Wing‹ vom aktuellen Album. Die Tournee führte die Jimi Hendrix Experience von San Francisco über Arizona nach Los Angeles. Als nächste Tourneestation stand dann Jimis Heimatstadt Seattle auf dem Programm –

Für Hendrix gibt es nur eine Umschreibung: inspirierend. Was er macht, ist elektrische Religion ... Bei Hendrix von Bühnenpräsenz zu sprechen, wäre so untertrieben, als würde man die Enterprise als Schlauchboot bezeichnen.

›L. A. Free Press‹

ein Besuch, dem er mit sehr gemischten Gefühlen entgegen-
sah. Seinen Vater Al hatte er seit fast acht Jahren, seit er zur
Grundausbildung in die Armee gegangen war, nicht gesehen.
In der ganzen Zeit allerdings
hatte er mit ihm in unregel-
mäßigem telefonischem und
schriftlichem Kontakt gestanden. So wußte er beispielsweise, daß sein Vater im Juni
1966 die Japanerin Ayako
June Fujita geheiratet hatte.
Dennoch: »Jimi hat mir sein
erstes Album nicht geschickt;
ich bekam es von einem der
Hippies, die neben mir wohnten. Wir hatten sehr hellhöri-
ge Wände, und als ich diese
Musik von nebenan hörte,
sagte ich zu meiner Frau:
Hey, das klingt nach Jimi! Ich

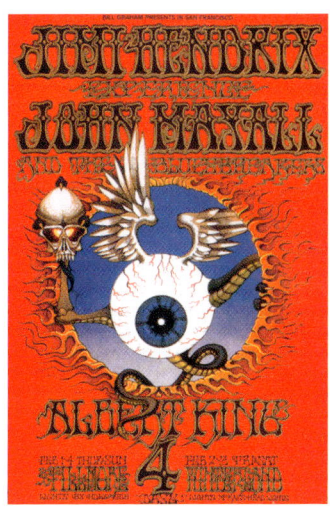

hatte Jimi noch nie singen gehört, aber ich habe ihn trotzdem
erkannt. Als meine Nachbarn herausfanden, daß ich Jimis Vater bin, haben sie mir die Platte geschenkt.«

Am 11. Februar traf die Band in Seattle ein, wo Jimi von Al,
Ayako, ihrer Tochter Janie und seinem Bruder Leon am Flughafen abgeholt wurde. Er hätte sich keine Sorgen zu machen
brauchen: Sein Vater war so stolz auf den berühmten Sohn,
daß er ihm einen regelrecht ekstatischen Empfang bereitete.
Die Familie Hendrix verbrachte den ganzen Nachmittag zusammen in Als Haus – Jimi übernachtete auch dort – und saß
während des Konzerts in der ausverkauften Seattle Center
Arena in der ersten Reihe. Am nächsten Tag besuchte Hen-

39 Die Ankündigung der Hendrix-
Konzerte im Fillmore West im Februar 1968

drix die Garfield High School, wo er nur neun Jahre zuvor noch die Schulbank gedrückt hatte. Jimi sollte nachträglich sein Diplom abholen. Nach einer Rede des Rektors durften die Schüler Fragen stellen, waren allerdings zu müde und zu jung, um sich für Jimi und seine Musik zu interessieren. Als ihm die Situation zu peinlich wurde, verschwand er einfach und ließ sich direkt zum Flughafen fahren – ohne Diplom. Ebensowenig holte er den Goldenen Schlüssel der Stadt Seattle ab, den man ihm im Rathaus hatte überreichen wollen. »Die einzigen Schlüssel, die ich je zu sehen erwartet hätte, waren die Schlüssel zum Gefängnis«, spottete er.

Die Band flog zurück nach Los Angeles, um die Tournee fortzusetzen und mit Doors-Sänger Jim Morrison zu jammen. Nach weiteren Konzerten in Pennsylvania, Wisconsin und Kanada kehrte die Band nach New York zurück.

Zudem begann Jimi, die dunklen Seiten des Ruhms zu spüren. Anfänglich hatte er ihn in vollen Zügen genossen, vor allem, weil er ihm die Freiheit gab, sich musikalisch auszutoben, im Studio wie auf der Bühne. Doch seine Extravaganz, seine Showeinlagen, die Freiheiten, die er sich mühselig erkämpft hatte und die ursprünglich Ausdruck einer bestimmten Gefühlslage, eines Protestes und einer Unabhängigkeit gewesen waren, wurden jetzt zum Käfig: Seine Fans erwarteten einen exzentrischen Performer, einen, der mit den Zähnen und hinter dem Kopf spielte, mit seiner Gitarre Liebe machte und sie am besten verbrannte. »Zünd sie an, Jimi! Zünd sie an!« brüllten die Fans aus dem Publikum auf die Bühne. Die »Showeinlagen« begannen Verpflichtung zu werden. »Die Leute fangen an, unsere ständige Präsenz als selbstverständlich zu sehen«, beschwerte er sich gegenüber dem ›Melody Maker‹. »Das ist die reinste Pop-Sklaverei. Ich mag die Einstellung der Fans nicht, die meinen, sie hätten meine Woh-

Es ist ermüdend, immer wieder dasselbe zu machen, auf die Bühne zu gehen und zu sagen, »jetzt spielen wir diesen Song« ... Wir entwickeln uns weiter. Man muß in seinem Leben das machen, was man selber will, man muß aufhören zu denken und sich einfach frei und ungezwungen treiben lassen!

Jimi Hendrix

nung und mein Auto finanziert und könnten nun erwarten, daß ich alles so mache, wie sie es haben wollen«.

Im Hotelzimmer brachte ihn das manchmal an den Rand der Depression. Kathy, die ihn anfangs auf der Tournee begleitete, erinnert sich: »Er fing an, sein Image zu hassen. Er saß auf der Bettkante und brach fast in Tränen aus, während er mir zu erklären versuchte, wie er sich fühlte, wie satt er seinen Bühnenakt habe und das, was die Leute von ihm erwarteten.« Immer mehr nahm er sich daher auf der Bühne zurück. Und er besann sich auf die Basis, auf die Musik, die reine Musik und den Blues, keine Zerstörungsorgien mehr: »Ich hab ja nicht mal gewußt, daß es Wut war, bis man es mir gesagt hat … Jeder sollte die Chance haben, Sachen loszuwerden …, nun ja, die Möglichkeit haben, sich zu befreien. Und meine Möglichkeit war eben die Bühne.«

Das Tourleben war auf eine seltsame Art streßbehaftet und pendelte zwischen zwei Extremen, der totalen Anspannung und körperlichen Aufregung am Abend sowie der tödlichen Langeweile des langgezogenen Tages. Dieser verging größtenteils mit Rumsitzen und Warten. Mit Warten aufs Taxi, den Bandbus, das Flugzeug, den Auftritt, mit nichtsnutzigem Zeit-Totschlagen und Rumhängen in Warteräumen, Hotelzimmern, Radiosendern und Fernsehstudios. Zwischen die einzelnen Stationen wurden oft noch Promotiontermine und andere offizielle Verpflichtungen geschoben. Dem folgte dann, meist nach einem Soundcheck, die völlige Konzentration auf der Bühne. An Schlafen war anschließend nicht zu denken. Die Tatsache, daß Bandmitglieder, die Tage und Wochen am Stück zusammen verbrachten, sich nicht allzu gut verstanden, verschärfte die an sich schon schwierige Situation zusätzlich. Besonders zwischen Jimi und Noel flogen oft die Fetzen. Um sich aus dem Weg zu gehen, reisten die beiden manchmal sogar in

---

Die Band hat quasi zweieinhalb Jahre lang durchgearbeitet. Wir waren immer auf Reisen, hatten keinen Urlaub und bekamen wenig Schlaf. Als wir den Durchbruch schafften, wurde Hendrix ein Star und schaute irgendwie auf uns herab. Daran ist die Band schließlich zerbrochen.

Noel Redding

verschiedenen Flugzeugen. Hinter Noels clownhafter Art verbarg sich ein jungenhafter sensibler Typ, der große Schwierigkeiten hatte, mit dem Tourneestreß fertigzuwerden. Im Normalfall war Jimi ein sehr liebenswürdiger, höflicher Mensch; einzig wenn es um die Musik ging (vor allem um technische Unzulänglichkeiten, defektes Equipment usw.), konnte er wütend und aggressiv werden. Wenn ihn, was während der Tour öfters vorkam, die Anlage nervte, wurde er selbst unausstehlich und gewalttätig – durchaus auch gegenüber seinen Mitmusikern.

Außerdem verlangte Noel für seine Songs mehr Beachtung. Es nervte ihn, daß Jimi nur selten bereit war, eines seiner Stücke auszuprobieren – und wenn, sein Desinteresse deutlich zeigte. Bei Sessions war die Stimmung daher mehr und mehr angespannt. »Um mich an Hendrix zu rächen, habe ich oft absichtlich falsch gespielt«, gab Noel später zu. An anderen Tagen tauchte er erst gar nicht im Studio auf. Noel liebte außerdem die Gitarre und war es manchmal leid, für Hendrix nur den Baß zu zupfen. Frustriert davon, daß Jimi sich nicht für seine Songs interessierte und nur ein einziger Song auf das Album kam, gründete er eine eigene Band, in der er sich künstlerisch verwirklichen konnte: Fat Mattress. Mitch dagegen

war tougher, selbstsicherer und konnte prekären Situationen mit einem Witz den Stachel nehmen.

Nach der Tour flog Jimi nicht sofort ins heimatliche London zurück, sondern begann zum ersten Mal, in einem New Yorker Studio zu arbeiten. Die Arbeitsatmo-

40   Noel Redding, hier bei einer Aufnahme im Oktober 1968

sphäre war sehr locker und entspannt, und er fand an der amerikanischen Musikszene so großen Gefallen, daß er beschloß, sein nächstes Album ganz in Amerika aufzunehmen sowie das Zentrum seiner Aktivitäten zukünftig von London wieder zurück nach New York zu verlegen. Zusammen mit Redding und Mitchell gründete er in Amerika die Firma Are You Experienced Ltd, die die Verwaltung und Versteuerung der einheimischen Einnahmen überwachen sollte.

Wegen des großen Erfolgs buchte Michael Jeffereys New Yorker Büro in den Monaten April und Mai einen Gig nach dem anderen. Es schien, als würde die Band in jeder amerikanischen Halle spielen, die nur genügend Strom zu Verfügung hatte.

Am 4. April erfuhr Jimi vor seinem Auftritt in Virginia Beach, daß der schwarze Bürgerrechtler Martin Luther King an diesem Tag ermordet worden war. In vielen Teilen Amerikas kam es anschließend zu gewaltsamen Ausschreitungen. Hendrix überlegte, die beiden folgenden Konzerte, die im Schwarzenviertel der Stadt Newmark stattfinden sollten, abzusagen, denn schließlich bestanden die Band und auch die Crew größtenteils aus Weißen. Aus Angst vor Eskalationen waren – obwohl beide Konzerte ursprünglich ausverkauft waren – nur etwa ein Fünftel der erwarteten Zuschauer in die Symphony Hall gekommen. Roadie Hugh Hopper erinnerte sich: »Jimi Hendrix wurde mit großem Applaus begrüßt und sagte dann nur: ›Dieser Song ist für einen Freund.‹ Alle wußten sofort, um wen es ging. Es war ein Klagelied für Martin Luther King. In der Halle kamen allen die Tränen, sogar die Bühnenarbeiter weinten. Jimi stellte sein ganzes Programm um, seine Musik war von qualvoller Schönheit. Am Ende ging er leise von der Bühne.« Am selben Abend fuhr die Band noch nach Manhatten zurück, wo Jimi mit dem Bluesmusiker

Dr. **Martin Luther King** Jr. (1929–1968), Vorreiter und Anführer des gewaltfreien Widerstands im Kampf um die Gleichberechtigung der Schwarzen. Am 28. Juni 1963 führte er über 250 000 Menschen in einem historischen Marsch nach Washington, wo er seine berühmteste Rede hielt, die mit den Worten »Ich habe einen Traum …« begann. 1964 erhielt er den Friedens-Nobelpreis. Am 4. April 1968 wurde King von einem weißen Attentäter in Memphis, Tennessee, erschossen. Etwa 100 000 Menschen nahmen an seiner Beerdigung in Atlanta, Georgia, teil. 1986 wurde sein Geburtstag zum amerikanischen Nationalfeiertag erklärt.

Buddy Guy bis in den frühen Morgen im Generations Club jammte.

Ab Ende April 1968 verbrachte die Jimi Hendrix Experience drei Monate im New Yorker Record Plant Studio, einem der besten und professionellsten Aufnahmestudios in Amerika, um das nächste Album einzuspielen. Im Erdgeschoß von Jeffereys Bürozentrale in der 37. Straßen mietete Hendrix sich ein Apartment. Im Gegensatz zu Noel Redding und Mitch Mitchell fühlte Jimi sich in New York zu Hause und hatte vorerst keine Ambitionen mehr, nach England zurückzukehren. »Ich mag England, aber ich bin nirgendwo zu Hause. Mein Zuhause ist dieser Planet. Ich habe hier nie ein eigenes Haus besessen. Ich wollte keine Wurzeln schlagen – für den Fall, daß mich wieder die Unruhe packt und ich umherziehen will.«

Diesmal sollte das Werk ein Doppelalbum werden. Für die Plattenfirma kam jene Ankündigung einer Hiobsbotschaft gleich, denn so würden die Aufnahmen wesentlich mehr Zeit in Anspruch nehmen. Um die Zeit bis zur Veröffentlichung zu

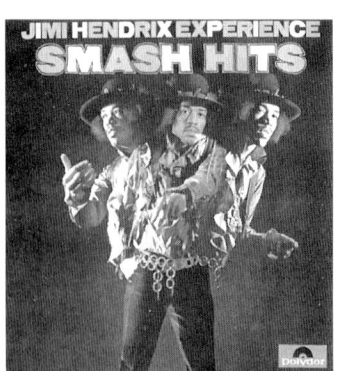

überbrücken, wurde in Europa der Hit-Sampler ›Smash Hits‹ veröffentlicht, der alle Single-Erfolge der Jimi Hendrix Experience vereinte und in den Charts den vierten Platz erreichte.

41 **The Jimi Hendrix Experience**
›Smash Hits‹
VÖ: April 1968,
Produzent: Chas Chandler
Titel: ›Purple Haze‹, ›Fire‹, ›The Wind Cries Mary‹, ›Can You See Me‹, ›51st Anniversary‹, ›Hey Joe‹, ›Stone Free‹, ›The Stars That Play With Laughing Sam's Dice‹, ›Manic Depression‹, ›Highway Chile‹, ›The Burning of the Midnight Lamp‹, ›Foxey Lady‹

›Electric Ladyland‹

Nicht genug, daß Jimi sich im Studio den ganzen Tag mit Musik beschäftigte; nach der Arbeit am ›Electric-Ladyland‹-Album ging er fast jeden Abend in einen der vielen Clubs, um dort mit anderen Musikern zu jammen, und das oft mit einfallsreichen Gags, z. B. bei einer Session mit Jeff Beck: Während des Songs ›Superstition‹ tauschten die beiden Musiker die Instrumente. Dafür reichten ihnen die nur wenige Sekunden dauernden Breaks: »Hendrix warf Beck seinen Baß zu, schnappte sich dessen Gitarre, und jeder spielte auf dem Instrument des anderen weiter.« Um so seltener aber probte und übte er wirklich mit der Band. Songs nach vorgegebenem Muster zu spielen langweilte ihn. Er improvisierte lieber. Der Nachteil allerdings war, daß er daher selten neue Songs in sein Live-Repertoire aufnahm, denn diese hätten zumindest ein Minimum an Proben erfordert.

Mit seinem neuen Album wollte Jimi wieder einen Schritt weitergehen. »Während der Aufnahmen zeigte sich deutlich, daß eine neue Zeit angebrochen war«, erklärte Eddie Kramer, der für die Aufnahmen nach New York gekommen war, »denn die Dinge wurden immer komplizierter. Wir verbrachten viel mehr Zeit im Studio, damit Jimi seine Ideen verwirklichen konnte.«

Jimi wollte sich nicht festlegen lassen. Mit dem Trio hatte er erreicht, was man in dieser Besetzung erreichen konnte. Jetzt wollte er weiter und mehr, wollte neue Elemente in seine Musik aufnehmen, wollte sich weiter inspirieren lassen. Das konnte nur mit neuen Instrumenten und neuen Musikern

---

Wir sind eine kleine verschworene Gemeinschaft, und das ist toll. Dafür lebt man! Nach einer Weile spürt man den Fluß der Musik, jeder kann jedem folgen, und schließlich findet man sich auf einer Ebene. Beim Jammen kann man sich viel näher kommen als auf einer Platte … Der Wechsel von Tonarten und Timing oder auch Breaks und Läufen – so was kann zu den schönsten Dingen gehören, wenn man die Zeit hat, um es wirklich zu schaffen.

Jimi Hendrix

funktionieren. Schon immer hatte er unterschiedlichste Musik gehört, Klassik ebenso wie Jazz oder Bing Crosby.

Die künstlerische Freiheit, nach der Jimi sich immer gesehnt hatte, hatte er jetzt und wollte und würde sie in vollen Zügen nutzen. Und nichts und niemand – die Band nicht und auch Chas nicht – würden ihn davon abbringen. Hatte er sich schon früher, was Musik anging, nur ungern etwas sagen lassen, so hörte er jetzt auf überhaupt niemanden mehr. Besonders im Studio kühlte das Verhältnis zwischen Star und Produzent so sehr ab, daß Chandler die Konsequenzen zog: Er stieg mit sofortiger Wirkung als Produzent aus und kündigte an, sich fortan ausschließlich um Jimis Management kümmern zu wollen.

Die gereizte Atmosphäre führte zu weiteren Spannungen innerhalb der Band – insbesondere mit Noel, der sich zurückgesetzt und zum Begleitmusiker degradiert fühlte. Jimi fand: »Ich würde es begrüßen, wenn Mitch und Noel sich für Sachen engagieren, die ihnen Spaß machen.« Noel Redding spielte bereits mit seiner Gruppe Fat Mattress, Mitch Mitchell gründete jetzt parallel die Gruppe Mind Octopus. Trotz aller Differenzen beteiligte Jimi sich an den Aufnahmen von Noels Band: Beim Titel ›How Can You Live‹ spielte er Percussions, und Noel selbst war in seiner Band an der Gitarre.

Im Studio tauchten auch viele Gastmusiker auf, die Jimi begeistert in die Aufnahmen integrierte. Zu diesen zählten Steve Winwood (das neue britische Wunderkind des Blues) ebenso wie der Bassist von Jefferson Airplane, Keyboarder Mike Finnegan, Al Kooper und Buddy Miles. Zunehmend begann Jimi mit anderen Musikern zu spielen, und immer häufiger geschah es, daß die ursprüngliche Experience-Besetzung bei den Aufnahmen gar nicht anwesend war (beispielsweise bei ›Rainy Day, Dream Away‹).

Wir mixten einen einzigen Song oft zehn Stunden, eine ganze Nacht, eine ganze Woche lang. Ich hatte es satt und sagte, zum Teufel damit, ich gehe jetzt nach Hause. Er lächelte und fragte, ob er mich anrufen könne, falls er eine Frage habe. Am nächsten Morgen gegen zehn Uhr rief der Hausmeister an und beschwerte sich: »He, werft den Typen raus, wir müssen saubermachen.«

Jack Adams, Mitarbeiter des Record Plant

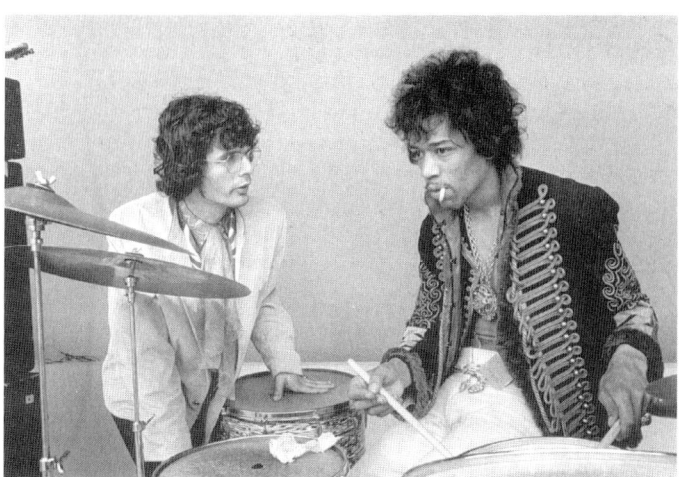

42 Jimi und Al Kooper

Die wohl wichtigste Frau in Jimis Leben war zu dieser Zeit die Schwarze Devon Wilson. Sie war in den Ghettos des amerikanischen Nordens aufgewachsen, und es gab keine menschlichen Abgründe, die ihr fremd waren. Sie hatte alles gesehen, alles erlebt – und sich durch alles durchgeschlagen. Sie war stark, beherrschend und direkt. Ihre scharfe, verletzende Zunge und ihre handfeste Art, die sie notfalls im Streit auch schon mal zum Messer greifen ließ, schüchterten die meisten Menschen in ihrer Umgebung ein. In fast beherrschender Weise begann Devon, sich um Jimi zu kümmern, nahm ihn komplett in Beschlag, bestimmte, wer in sein Leben trat, um ihn herum sein durfte, kümmerte sich um seine privaten Angelegenheiten, seinen Zeitplan und alle Dinge seines persönlichen Lebens. Zunehmend verließ er sich auf sie; ihre Härte faszi-

Devon Wilson kam mit 15 Jahren aus der provinziellen Enge des amerikanischen Nordens zuerst in die farbenfrohe artifizielle Welt von Las Vegas, lernte dort den Superproduzenten Quincy Jones kennen, der sie nach Los Angeles brachte. Über Quincy lernt sie auch Jimi Hendrix kennen.

nierte und ängstigte ihn zugleich. Unklar allerdings ist, ob sie auch ein sexuelles Verhältnis zu Jimi hatte.

Devon nahm extensiv Drogen und versorgte auch Jimi immer mit großen Mengen – oft auch, wenn er es weder wußte noch wollte. In ›Dolly Dagger‹ setzte Jimi ihr ein musikalisches Denkmal; zu einem gewissen Grad auch in ›Freedom‹. In beiden Songs stellte er die fast erdrückende Macht von Devon eindringlich dar und auch die beherrschende Rolle, die sie in seinem Leben spielte. Dennoch – in gewissem Maße schien er sie zu brauchen, bzw. jemanden, der ihm unmißverständlich sagte, was er tun sollte.

Dann gab es die jüdische Marokkanerin Monique, die ihm half, seine Wohnung im marokkanischen Stil einzurichten, was Ende der sechziger Jahre als besonders chic galt. Monique machte Jimi mit ihren beiden Freundinnen Stella und Colette bekannt, die ihn ins gehobene Gesellschaftsleben einführten, ihn zu Kunstausstellungen einluden und mit ihm in den teuersten Restaurants von New York speisten. Nicht zu vergessen war natürlich die Fotografin Linda Eastman, die gelegentlich ins Studio kam, um die Sessions mit Bildern zu dokumentieren. Sie fotografierte Jimi in allen Lebenslagen: im Studio, auf der Bühne, auf Tour oder einfach nur privat, und Jimi wollte, daß sie auch das Cover für das aktuelle Album schoß. Die Zusammenarbeit im Studio erwies als zunehmend schwieriger. »Jimi wollte die völlige Kontrolle haben und kommandierte Kramer viel herum«, berichtete Linda Eastman. »Die Freundschaft zwischen den beiden wurde dabei auf eine harte Probe gestellt.«

Im Mai wurden die Studio-Sessions wegen anstehender Konzertverpflichtungen vorübergehend unterbrochen. Innerhalb von 57 Tagen spielte die Band in 47 Städten. Die Jimi Hendrix Experience trat auf dem Miami Pop Festival auf, bei

Linda Eastman (1941–1998) arbeitete als Fotografin u. a. mit Hendrix, The Who, The Doors, Simon & Garfunkel und den Beatles. Bei einer Pressekonferenz lernte sie Paul McCartney kennen und zog nach London, wo die beiden 1969 heirateten. In den siebziger Jahren spielte Linda die Keyboards in McCartneys neuer Band, den Wings. Ihre Fotografien von Jimi Hendrix wurden in zahlreichen Büchern veröffentlicht und in Wanderausstellungen auf der ganzen Welt gezeigt.

dem auch Frank Zappa & the Mothers of Invention, Chuck Berry und John Lee Hooker mit auf dem Programm standen. Zwar versank der dritte Festivaltag im Regen (und inspirierte Jimi dazu, ›Rainy Day, Dream Away‹ zu schreiben), und es gab Probleme mit der Bezahlung, doch stieg am Abend im Hotel eine brillante Session mit Jimi, Lee Hooker und Zappa. Da Jimis Konzert gefilmt und aufgenommen werden sollte, flogen Eddie Kramer sowie die New Yorker Fotografin Linda Eastman mit nach Miami.

Es folgte Ende Mai 1968 eine kurze Europa-Tournee, die die Jimi Hendrix Experience nach Mailand, Rom, Bologna, Zürich führte. In der Schweiz rastete Jimi total aus, wurde aggressiv und ausfallend, randalierte nackt im Hotelfoyer und versuchte mit einer Axt auf seinen Roadie und Assistenten Gerry Stickells loszugehen.

Mitte Juli machte die Band einen Abstecher nach Mallorca und eröffnete Mike Jeffereys Sgt-Pepper's-Club in Palma. Damit setzte Jefferey Jimi einen neuen Floh ins Ohr: Er sollte ebenfalls Besitzer eines Nachtclubs werden. »Jimi kam zu mir und sagte, er wolle den Generations Club in New York aufkaufen«, berichtete Chandler. »Wir haben wochenlang darüber diskutiert. Ich fragte ihn: Was zur Hölle willst du mit einem Nachtclub?« Doch Jefferey schlug vor, ein klei-

43 Ankündigung der Jimi Hendrix-Konzerte am 30./31. Mai 1968 in Zürich

nes Studio in den New Yorker Nachtclub zu integrieren, so daß alle Bands ihre Konzerte für Live-Alben mitschneiden könnten. Chandler blieb allerdings skeptisch, denn das Clubgeschäft war ihm fremd. Er spürte immer mehr, daß er auf verlorenem Posten stand. Seit seinem Ausstieg als Produzent hatte sich sein Verhältnis zu Jimi weiter verschlechtert, und inzwischen versuchte Michael Jefferey zudem, ihn auszubooten. Chandlers Frau erwartete inzwischen ein Kind, und Chas sehnte sich nach London zurück. Obwohl er sich noch einige Wochen an seinen Posten klammerte, schien der endgültige Bruch mit Hendrix unvermeidlich.

Im Spätsommer 1968 konnte Chandler die ständigen Auseinandersetzungen nicht mehr ertragen. Er gab auf und vollzog, zwei Jahre nachdem er ihn in New York entdeckt hatte, verbittert die Trennung von Jimi Hendrix – eine schwierige Angelegenheit, waren Jimi und Chas doch sehr viel enger miteinander verbunden, als Manager und Künstler es normalerweise sind. In London wie anfangs in New York hatte Jimi im Haus der Chandlers gelebt. Doch auch das hatte sich in letzter Zeit zu einem Problem entwickelt, da Jimi meist spät in der Nacht mit den dubiosesten Gestalten anrückte – bis sogar Chas' Frau Lotta Angst bekam und Jimi verbot, nächtliche Besucher mitzubringen. Zurück in London veranlaßte Chandler sofort, daß Kathy Etchingham Jimis Sachen packte und sein Haus verließ.

Die Trennung von Chandler bedeutete vor allem auch, daß sich Jimi ganz in die Hände von Mike Jefferey begab. Und Mike war ein Geschäftsmann und sonst nichts. Ihn interessierte das Produkt Jimi Hendrix, nicht die Musik. Und Jimi interessierte sich ausschließlich für die Musik; Geschäfte und Geld waren ihm gleichgültig. Solange er genug hatte, um sich Gitarren zu kaufen, extravagantes Equipment und Spezialanfertigungen

Sich von Chas zu trennen war ein Fehler von Jimi. Chas ist immer auf seiner Seite gewesen. Er war der erste, der an sein Talent geglaubt hat und ihm helfen konnte. Chas hat alle seine Versprechungen gehalten und Jimi zum Star gemacht, ohne ihn dabei auszunutzen, wie viele andere Manager das mit ihren Künstlern getan haben.

Kathy Etchingham

zu leisten, in guten Hotels zu woh-
nen und sein Geld auch großzügig
an Freunde und Bedürftige zu vertei-
len. Was er brauchte, bekam er. Ob
Mike noch mehr Geld verdiente, ob
alles an ihn ausgezahlt wurde, was
vertraglich vereinbart worden war –
darüber machte er sich im Normalfall keine Gedanken. Und nicht nur
Kathy vermutete, daß Mike Geld
für sich auf die Seite schaffte und un-
terschlug.

Am 30. Juli 1968 begann die zweite
Amerika-Tournee der Jimi Hendrix
Experience im Lakeshore Auditorium
in Baton Rouge, Louisiana. Als Vorgruppen waren Soft Machine, Eire
Appartement und, ab Mitte der
Tournee, Vanilla Fudge mit dabei.
Letztere waren durch ihre Verbin-
dung zur Mafia zwangsweise ins Programm aufgenommen
worden. In Flushing Meadows spielte die Jimi Hendrix Experience mit Janis Joplins Big Brother & the Holding Company
und im Winterland in San Francisco mit dem Buddy Miles
Express. Insgesamt standen knapp 60 Konzerte in rund 20 verschiedenen Bundesstaaten auf dem Programm – meist in Sta-
dien mit mehr als 5000 Zuschauern. Kommerziell war die
Tournee damit ein großer Erfolg. Doch die Spannungen innerhalb der Band, insbesondere die Querelen zwischen Hendrix und Redding, kamen immer offener zum Ausbruch.

Jeder der drei Musiker sollte nach Abschluß der geplanten
Europatournee und der anstehenden Promotion die Möglich-

44 Jimi während seines Konzerts in
der Singer Bowl in Queens, New
York, am 23. August 1968

keit erhalten, sich musikalisch in eigene Richtungen zu orientieren und mit anderen Bands zu spielen. Von einem endgültigen Aus wollte jedoch niemand etwas wissen. Es bestand die unausgesprochene Hoffnung, daß die drei Musiker sich nach einer künstlerischen Pause wieder zusammenraufen würden.

Am 2. September (in England am 18. Oktober) erschien die Single ›All Along the Watchtower‹, die Coverversion eines Dylan-Songs, mit der B-Seite ›Long Hot Summer Night‹.

»Mir kam es so vor, als wäre ›Watchtower‹ ein Song, den ich selbst geschrieben hätte, aber dazu war ich nicht in der Lage. Ich spüre so etwas oft bei Dylan«, sagte Jimi. Dylans aktuelles Album, ›John Wesley Harding‹, hatte Jimi wieder sehr berührt; seine Lieblingnummer war ›I Dreamed I Saw Saint Augustine, Alive as You or I‹. Er empfand den Text aber als zu persönlich, um seine eigene Version davon zu spielen. Schließlich entschloß er sich, ›All Along the Watchtower‹ aufzunehmen. Das Resultat brachte sogar Bob Dylan zum Staunen: »Jimi hat aus ›All Along the Watchtower‹ seinen eigenen Song gemacht.« In England erreichte die Single Platz fünf der Charts, in Amerika Platz 20 und wurde damit Jimis meistverkaufteste Single überhaupt.

›Long Hot Summer Night‹ behandelt die Geschichte eines Streits, der folgenden Trennung und beginnenden Wiedervereinigung. Al Kooper, Mitglied der Gruppe Blood, Sweat & Tears, verlieh der Nummer mit seinen lässigen Keyboard-Akkorden zusätzlich eine locker-swingende Note.

Am 17. September bzw. 25. Oktober wurde dann das ›Electric-Ladyland‹-Album veröffentlicht – mit einem Cover, das Jimi inmitten von 21 nackten Mädchen zeigte. Jimi explodierte! Dezidiert hatte er Anweisungen gegeben, was er wie auf dem Cover haben wollte, hatte Skizzen gezeichnet, eine genaue Beschreibung geliefert und mit Linda Eastman an einem August-

The Jimi Hendrix Experience
›Electric Ladyland‹
VÖ: Oktober 1968,
Produzent: Jimi Hendrix
Titel: ›And the Gods Made Love‹,
›Have You Ever Been (To Electric Ladyland)‹, ›Crosstown Traffic‹, ›Voodoo Chile‹, ›Little Miss Strange‹, ›Long Hot Summer Night‹, ›Come On (Part 1)‹, ›Gypsy Eyes‹, ›The Burning of the Midnight Lamp‹, ›Rainy Day, Dream Away‹, ›1983 … (A Merman I Shall Turn to Be)‹, ›Moon – Turn the Tides … Gently Gently Away‹, ›Still Raining Still Dreaming‹, ›House Burning Down‹, ›All Along the Watchtower‹, ›Voodoo Chile (Slight Return)‹

›Electric Ladyland‹

Das Album ›Electric Ladyland‹ beinhaltet regelrechte Klanggemälde. Die erste Plattenseite beginnt mit der Soundcollage ›And the Gods Made Love‹, einem Song, der »beschreibt, was passiert, wenn die Götter Liebe machen oder womit sie ihre Zeit auch sonst verbringen«. Es folgt ›Have You Ever Been (to Electric Ladyland)‹. Hier wird deutlich, daß Jimi mit der Electric Lady seine Gitarre meinte, mit dem Electric Ladyland die Welt der Musik. Ein sexueller Unterton war dem Song trotzdem deutlich zu eigen; schließlich hatte auch die Art, wie Jimi seine Gitar-

45 Cover des Albums ›Electric Ladyland‹

re behandelte, etwas unverhüllt Erotisches – wie er sie anfaßte, zwischen die Beine nahm, liebkoste und dann wieder mißhandelte – ebenso wie seine Frauen.

Auf ›Crosstown Traffic‹ war die Jimi Hendrix Experience dann zum ersten Mal wieder in voller Besetzung zu hören – an ›Electric Ladyland‹ war Noel nicht beteiligt gewesen. Außerdem wurden sie für diesen Song durch den Traffic-Musiker Dave Mason verstärkt. ›Crosstown Traffic‹ wurde wegen seines ohrwurmigen Gitarrenriffs als zweite Single ausgewählt. Mit der Metapher des tobenden Stadtverkehrs beschrieb Jimi die Schwierigkeiten einer Beziehung.

Auf ›Voodoo Chile‹ war Steve Winwood, hochgelobter Musiker der Spencer Davis Group, als Gastorganist an der Hammond-Orgel in einem ausgedehnten Solo zu hören. »Jimi gab mir keine Notenblätter vor, keine Akkorde, einfach gar nichts«, erzählte Winwood über die Aufnahmesession. »Er begann einfach zu spielen.« Das Stück hinterließ beim Hörer eine dunkle Stimmung. Jimi war fasziniert von der geheimnisvollen, afrikanischen Religion des Voodoo und brachte seine Gedanken zu diesem Thema im Text zum Ausdruck.

Mit ›Little Miss Strange‹, einem banalen Rock-Beat-Song, der nach dem vierzehnminütigen ›Voodoo Chile‹ besonders flach wirkte, durfte Noel Redding seine obligatorische Eigenkomposition zum Album beitragen. Ihr folgte die Coverversion des einzigen Hits von Earl King, ›Come on (Part One)‹. Diesen klassischen Love-Song hatte Jimi schon mit den Rocking Kings in der Garfield Highschool gespielt. Ebenfalls einen Rückblick in vergangene Tage stellte das Liebeslied ›Gypsy Eyes‹ dar, in dem er die Suche nach einer mysteriösen, glückverheißenden Frau beschrieb.

Nach ›The Burning of the Midnight Lamp‹ folgte ›Rainy Day, Dream Away‹, ein entspannter Song, der die angenehm schläfrige Stimmung eines Regentages heraufbeschwört. Und Jimi träumt sich an diesem regnerischen Tag aus der harten, feindlichen Realität in ferne, harmonische Atlantis-Welten. Nachdem die letzten Töne leise ausgeklungen sind, setzt ein surreales Wah-Wah-Solo ein und stellt den Übergang zu ›1983 … (A Merman I Should Turn to Be)‹ her. In dieser fast vierzehnminütigen düsteren Zukunftsprognose besteigt der Held mit seiner Freundin eine Maschine, die ihn aus der bösen, aggressiven, von Kämpfen geprägten Realität in eine friedliche Welt (Atlantis) unter Wasser führt. ›1983 … (A Merman I Should Turn to Be)‹ war ein psychedelisches ›Hippie-Epos. Schon im Titel spielte Jimi auf die Tatsache an, daß die Welt sich momentan im »Age of Aquarius« befand, im Zeitalter des Wassermanns. Darüber hinaus zeigt er deutlich Jimis Vorlieben für Science Fiction – so mußte es natürlich eine Maschine sein, die ihn in ferne Unterwasser-Welten führte.

Mit Windrauschen und Möwenschreien – die eigenartigen Sounds wurden durch das Beschleunigen und Verlangsamen der Bandmaschine sowie durch Rückkopplungen in den Kopfhörern erzeugt – geht der Song in ›Moon, Turn the Tides … (Gently Gently Away)‹ über, war Jimi mit seiner futuristischen Unterwassermaschine in einer ruhigen, friedfertigen und schönen Welt angekommen. Die durch den Mond hervorgerufenen Gezeiten hatten das neue Zeitalter des Glücks und der Zufriedenheit eingeläutet. Dieser gesamte Part ist wiederum eingerahmt in die Wiederholung des ›Rainy-Day-Dream-Away‹-Themas, jetzt unter dem Titel ›Still Raining, Still Dreaming‹.

Mit ›House Burning Down‹ kommt Jimi wieder in die harte, grausame Realität zurück, beobachtet, wie das Haus eines schwarzen Bruders in Flammen aufgeht: »Schau wie der Himmel höllenfeuerrot wird, jemandes Haus brennt ab« – eine direkte Anspielung auf die Rassenunruhen, die Amerika im Sommer 1968 erschütterten.

Das Album endete auf brillante Weise mit einer zweiten Variante von ›Voodoo Chile – (Slight Return)‹ – vergleichbar der ›Sgt Pepper's Lonely Hearts Club Band (Reprise)‹ der Beatles.

Nachmittag im Central Park die Fotos gemacht, die er persönlich für ›Electric Ladyland‹ haben wollte: Es zeigte die Band ganz entspannt mit einer Gruppe von Kindern unterschiedlichster Hautfarben und Herkunft vor der Alice-im-Wunderland-Statue. Doch offensichtlich hatte die Plattenfirma das Wort ›Ladyland‹ anders assoziiert und Jimi, seinem Image entsprechend, in ein Ladyland gesetzt. Die Kinderfotos wur-

Black Panther Party

Als Gegenbewegung zu Martin Luther Kings gewaltlosem Protest gegründet, vertraten die militanten Panthers die Auffassung, daß nur eine gewalttätige Revolution wirklich Grundlegendes an der Situation der Schwarzen in Amerika ändern und ihnen wahre Gleichberechti-gung verschaffen könne. Die »Schwarze Panther Partei für Selbstverteidigung« wurde im Oktober 1966 von Huey P. Newton und Bobby Seale in Oakland im Bundesstaat Kalifornien gegründet und trat engagiert und mit allen (also auch gewaltsamen) Mitteln für die Rechte der Schwarzen ein. Weitere Führer

den nur für das Innencover der amerkanischen Ausgabe verwendet.

Zwar bezog Jimi in Interviews manchmal Stellung zu Rassenproblemen, doch in seiner Umgebung wurde er damit kaum konfrontiert. »Ich fühle mit den Minderheiten, aber ich habe nicht das Gefühl, zu einer zu gehören.« Das Musikbusiness war eine eigene kleine Welt, eine Enklave, in der die Hautfarbe keine Rolle spielte. Auch die Tatsache, daß Jimi und Kathy ein gemischtrassiges Paar waren, »schien überhaupt nicht ungewöhnlich zu sein«.

Die militante Schwarzenorganisation Black Panther war dagegen der Ansicht, daß er als schwarzer Superstar, dessen Stimme Gewicht hatte und der ein Idol für viele Schwarze und Weiße war, sie zu unterstützen habe – finanziell und mit öffentlich geäußerter Sympathie. Bei ihrer »Mitglieder-Werbung« gingen sie nicht gerade zimperlich vor, beschimpften Jimi manchmal als »Onkel Tom« oder »Kokosnuß« (außen schwarz, innen weiß) und warfen ihm vor, mit weißen Musikern zu spielen, weiße Freundinnen und Freunde zu haben. Gelegentlich suchten Mitglieder der Panthers ihn auf; oft fühlte er sich von ihnen regelrecht bedroht und versuchte, die Gespräche so schnell wie möglich zu beenden.

Einer radikalen Vereinigung wie den Black Panthers wollte Jimi sich nicht anschließen. Seine persönliche Überzeugung war vielmehr an Martin Luther Kings gewaltfreies Credo angelehnt: »Es gibt Leute auf dieser Erde, die die Macht haben, verschiedene Dinge zu tun, z. B. in der Black Power Bewegung. Aber sie benutzen sie falsch … Protest ist eine Sache von gestern. Die Menschen wollen Lösungen, nicht bloß Protest. Die Beatles haben es gekonnt, sie haben die Welt verändert oder es mindestens versucht … Ich bin froh, daß ich sagen kann, was ich sagen möchte. Das schlägt sich in meiner

---

waren Malcolm X und Eldridge Cleaver.

Im Jahr 1969 sprach sich die amerikanische Regierung gegen die Black-Panther-Bewegung aus. Bei Hausdurchsuchungen und gewalttätigen Auseinandersetzungen mit der Polizei wurden einige Anführer erschossen und viele Mitglieder festgenommen. Der zwei Jahre andauernde Prozeß endete für alle inhaftierten Parteimitglieder mit einem Freispruch. Zwischenzeitlich hatte sich die Black Panther Party jedoch zerstritten und war im Inneren so zerrüttet, daß sie sich wenige Jahre nach der Entlassung ihrer Anführer auflöste.

Musik nieder.« Dennoch, ganz sicher war er sich seines eigenen Standpunkts auch nicht, sah Gewaltlosigkeit gelegentlich doch als Schwäche an – ohne zu realisieren, daß die Spirale der Gewalt nur aufzuhalten war, wenn Feuer eben nicht mit Feuer bekämpft wurde und damit einen Flächenbrand auslöste, sondern mit Wasser: »Man sagt, *make love not war* und all solche Sachen. Aber dann wirst du wieder mit der Realität konfrontiert, und da treiben sich wirklich eine Reihe übler Gestalten herum, die wollen, daß man schwach und passiv bleibt, damit sie dich so leicht schlucken können wie Marmelade auf dem Brot … Feuer muß mit Feuer bekämpft werden.« Bis zu einem gewissen Grad ließ er sich daher unter Druck setzen und erklärte sich gelegentlich bereit, einige der »friedlichen« Aktionen der Panther finanziell zu unterstützen.

Persönlich galten seine Sympathien jedoch mehr seinen indianischen Landsleuten als den Schwarzen. Dies war unschwer aus seinen Songtexten zu erkennen, in denen immer wieder

46 Jimi war vom Cover des Albums ›Electric Ladyland‹ wenig angetan

Motive der Hopi- oder der Cherokee-Kultur auftauchten. Vor allem aber interessierte ihn Politik im Grunde nicht! Weiße Musiker konnten es sich durchaus leisten, apolitisch zu sein; Jimi aber wurde aufgrund seiner Hautfarbe dazu gedrängt, Farbe zu bekennen.

Obwohl die Jimi Hendrix Experience mit ›Electric Ladyland‹ ein wahres Meisterwerk abgeliefert hatte, beschäftigte sich die Presse nur mit einer Frage: Zerbrach die Band oder nicht? Cream hatte sich inzwischen offiziell aufgelöst, und Jimi hatte sogar eines ihrer Abschiedskonzerte besucht. Sowohl Traffic als auch die Spencer Davis Group gingen separate Wege. Und sogar bei den Beatles war die Trennung spürbar und nur noch eine Frage der Zeit.

Jimi selbst gab den Spekulationen um seine Band ständig neue Nahrung: »Wir werden die Gruppe sehr bald, wahrscheinlich im neuen Jahr, auflösen und nur noch ein paar ausgewählte Konzerte zusammen spielen. Mitch und Noel planen ihre eigenen Sachen, und ich werde mal dies und mal jenes machen. Es gibt eben noch andere Welten, die wir erforschen wollen«.

Im Oktober mietete Jimi sich mit einigen Freunden und Musikern in Los Angeles ein ganzes Haus und verbrachte dort einige Wochen. Abends kamen die Musiker oft ins Whiskey A Go Go auf dem Sunset Strip, wo sie sich neue Bands anschauten und natürlich ein paar Mädels aufrissen. Im TTG Studio versuchten sie gemeinsam, jedoch ohne die Hilfe von Eddie

47 Jimi in der Hollywood Bowl (September 1968)

Kramer, ein paar neue Demos einzuspielen – nicht sehr erfolgreich. Den Sessions mangelte es an Disziplin, die eingespielten Bänder klangen ziemlich chaotisch und waren letztlich nicht zu gebrauchen.

Im Dezember 1968 kauften Jimi Hendrix und Michael Jefferey den bankrotten New Yorker Generations Club, einen alten Tanzsaal an der Ecke 52nd/West 8th Street im Herzen von Greenwich Village für 50 000 Dollar. Weil Renovierungsarbeiten und Einrichtung des geplanten Nachtclubs mit eingebautem Studio große Geldsummen verschlingen würden, ließ sich Hendrix von Michael Jefferey zu einer weiteren Experience-Tournee überreden. Schließlich stellte dies die beste Möglichkeit dar, schnell an das für den Club benötigte Bargeld zu kommen. Jimi wäre zwar lieber in New York geblieben, hätte im Studio gearbeitet und sich selbst um den Ausbau des Clubs gekümmert, aber Jeffereys Strategie war einleuchtend.

Anfang 1969 flog Jimi nach London und besuchte zum ersten Mal die Wohnung, die Kathy Etchingham in der Brook Street Nr. 25 im Nobelstadtteil Mayfair für sich und ihn gemietet hatte. Während Jimi sich in Amerika aufgehalten hatte, hatte Kathy sich die Wohnung mit zwei Freundinnen geteilt.

48 Jimi am TTG-Mischpult, Oktober 1968

Was Jimi an dem Haus besonders begeisterte, war die Tatsache, daß Georg Friedrich Händel einst dort gewohnt hatte. Umgehend ließ er sich Händels Gesamtwerk besorgen und war sogar davon überzeugt, einmal Händels Geist gesehen zu haben.

Wenige Tage darauf begann in Göteborg eine zweiwöchige Europa-Tournee der Jimi Hendrix Experience, die nach dem Start in Schweden dann durch Dänemark, Deutschland, Österreich und Frankreich führte. Jimis Konzerte waren von extrem wechselhafter Qualität. Begann die Tour noch lustlos, mit hingeschluderten Konzerten dreier gelangweilt dreinblickender Solisten, so konnten einzelne Auftritte inspiriert und von herausragender Spielfreude  sein. Ein Teil der Tournee wurde von der New Yorker Filmproduktionsgesellschaft Gold & Goldstein für eine Fernsehdokumentation gefilmt.

Einen Tag nach dem Konzert in Düsseldorf lernte Jimi im Hotelfoyer die langhaarige blonde deutsche Eislauftrainerin Monika Dannemann kennen. Er hatte eine Schwäche für Blondinen, war neugierig, interessiert, stellte ihr viele Fragen nach ihrem Leben und lud sie schließlich zu weiteren Konzerten ein. Monika nahm seine Einladung an, und die beiden verbrachten den Rest der Deutschland-Tournee, drei weitere Tage, gemeinsam.

49 Konzertplakat der Jimi Hendrix Experience während ihrer Deutschland-Tournee

Nach dem letzten Konzert in Berlin flog die Band am 24. Januar nach London zurück und arbeitete zwei Wochen lang im altbewährten Olympic Sound Studio. Jimi wollte dort einen seiner neuen Songs, den extrem persönlichen ›Room Full of Mirrors‹, einspielen. Mehr als ein paar Fragmente kamen jedoch nicht aufs Band. Noel Redding nahm nebenbei sein erstes Fat-Mattress-Album auf.

Inzwischen bereitete der Nachtclub Michael Jefferey die ersten Probleme. Die Mafia verlangte hohe Schutzgelder, und es gelang ihm nicht, eine Schanklizenz für den Club zu erwerben. Die Alternatividee: im Gebäude des Generations Clubs kein Nachtlokal, sondern ein hochmodernes Plattenstudio einzurichten. Jimi war begeistert, denn oft buchte er, meist zu horrend hohen Mieten, tage- und nächtelang Studios, nur um dort jammen zu können. Die Aussicht, in Zukunft unbehelligt und wann immer ihm danach war, im Studio werkeln zu können, so lange er wollte, war für ihn ein Traum. Kein anderer Musiker besaß in den späten Sechzigern sein eigenes Studio.

Gypsy ohne Wurzeln und Halt

Die Jimi Hendrix Experience gab am 18. sowie am 24. Februar zwei Konzerte in der Royal Albert Hall, die für die Fernsehdokumentation sowie für ein eventuelles Live-Album mitgeschnitten wurden. Doch schon beim ersten Soundcheck lief alles schief: Es gab technische Probleme, die Verstärker produzierten ständig ungewolltes Feedback, was sich katastrophal auf die Aufnahmen auswirkte; die Band hatte nicht geprobt und kam einfach nicht in Fahrt. Vor der zweiten Show probte die Band und lieferte wenigstens eine makellose, Blues-orientierte Vorstellung. 1972 wurden die Royal-Albert-Hall-Konzerte in Ausschnitten auf dem Live-Album ›In the West‹ in Japan und Deutschland posthum veröffentlicht.

Jammte Jimi jedoch anschließend mit anderen Musikern im Speakeasy, beispielsweise mit Jim Capaldi von Traffic, Billy Preston und Dave Mason, dann brillierte er.

Während Noel Redding in London weiter mit Fat Mattress arbeitete, flog Jimi nach New York zurück. Er half dort, das neue Album des Buddy Miles Express zu produzieren und sah Miles im Gegenzug als Produzenten für das vierte Experience Album vor. Obwohl Hendrix in der 37th Street ein Apartment besaß, verbrachte er die meisten Nächte in Hotels. Wenn er oder seine Freunde im Rausch die Einrichtung des Hotels zertrümmerten, kam Jimi immer für den Schaden auf. Weil die Zimmer auf diese Weise kostenlos renoviert wurden, blieb Jimi Hendrix stets ein gern gesehener Gast.

Jimi war generell extrem zugänglich. Fans, die ihn sehen wollten, brauchten nur in sein Hotelzimmer zu platzen, und

Eine schreckliche Show! Mit die schlechteste, die ich von Jimi je gesehen habe. Aber es war nicht sein Fehler, sondern der von Noel und Mitch. Die waren gar nicht bei der Sache. Wenn ich als Manager noch etwas zu sagen gehabt hätte, wären die beiden am nächsten Tag gefeuert worden!

Chas Chandler über das erste Konzert
in der Royal Albert Hall

er ließ mit sich reden. Im Hotel trug er sich unter seinem Namen ein, und wer ihn sprechen wollte, wurde per Telefon zu ihm durchgestellt. Journalisten waren überrascht, wie einfach es war, ein Interview mit ihm zu bekommen – meist lud er sie der Einfachheit halber gleich zu sich nach Hause ein. Bei sämtlichen Studiosessions war stets eine Unzahl Leute anwesend – wie eigentlich immer und überall, wo Jimi war. Alleine war er kaum, weder in seiner Garderobe vor dem Auftritt noch im Studio noch bei Sessions.

Obwohl er den größten Teil seiner freien Tage in Aufnahmestudios zubrachte, gelang es Hendrix nicht, auch nur eine einzige neue Nummer fertigzustellen. Er nahm spulenweise Demobänder auf, konnte sich aber auf keinen bestimmten Song konzentrieren und diesen zu Ende bringen. Die Aufnahmesessions im Record Plant waren ein gigantisches Chaos. Jimi buchte das Studio meist tageweise am Stück, auch wenn er erst gegen 22 Uhr oder kurz vor Mitternacht erschien – eine ganze Traube von Leuten im Schlepp. Dennoch – im Studio interessierte sich Jimi kaum für all die Menschen; manchmal verließ er es alleine in den frühen Morgenstunden, ohne sich groß um die Leute zu kümmern, mit denen er gekommen war. Für alle anderen allerdings war konzentriertes Arbeiten

50 Jimi und Buddy Miles

zwischen den vielen Leuten kaum möglich. Jimi hatte sich in unzähligen Ansprüchen und Erwartungen von allen möglichen Menschen um ihn herum verloren. Was er tat, in welche Richtung er sich wandte, wem er Gehör schenkte, hatte Bedeutung, würde Dinge bewegen. Wenn er sich zu den Black Panthers äußerte, war das ein Politikum, wenn er sich von seinem Manager zu bestimmten Entscheidungen überreden ließ, war grundsätzlich viel Geld im Spiel; mit wem er zusammen war, von wem er sich beeinflussen ließ, bedeutete Macht für diese oder diesen. Um diesem völlig unerwarteten und von ihm selbst nur vage wahrgenommenen Druck zu entfliehen, umgab er sich mit zahlreichen Leuten – aus Angst, alleine unterzugehen. Und er flüchtete in Drogen, die mittlerweile für ihn lebenswichtig waren, um sein Leben durchzustehen und überhaupt so weiterführen zu können.

Der Ruhm war nicht wirklich so, wie Jimi ihn erwartet hatte. Er hatte gedacht, als Gitarrist und Musiker würde er vorwiegend eines tun: Musik machen und Gitarre spielen. Und jetzt entdeckte er, daß ein Großteil seiner Arbeit mit ganz anderen Sachen zu tun hatte: Entscheidungen in geschäftlichen Dingen, von denen er nicht die geringste Ahnung hatte, Promotiontourneen, Interviews und Fernsehauftritten. Er hatte gedacht, Ruhm und Geld würden ihn frei machen, und nun stellte er nur fest, daß sie ihn lediglich auf eine andere Art gefangen hielten. »Wenn man jung ist, engagiert man sich fast immer für irgendwas, aber dann macht man seinen Schulabschluß und landet in einem kleinen Cellophankäfig«, stellte er im April 1969 frustriert fest. »Jetzt plane ich, mich mit anderen Dingen zu beschäftigen. Vor ein paar Jahren wollte ich nur gehört werden: ›Laßt mich rein!‹ Darum ging es. Jetzt versuche ich, den besten Weg herauszufinden, um gehört zu werden.«

Anschließend muß man durch diese ganzen Prozeduren hindurch, wie z. B. Plattenveröffentlichungen, und man darf nicht jeden Monat eine neue herausbringen, und man darf dies nicht und man darf das nicht … Und dann die ganze Scheiße mit dem öffentlichen Image! Zum Davonlaufen!

Jimi Hendrix

Mit der ihm eigenen Offenheit bewegte Jimi sich aus dem Rock-Korsett hinaus, jammte mit Jazzmusikern wie John McLaughlin und Bassist Dave Holland, die ihm ganz andere Arten des musikalischen Ausdrucks und des improvisierten Experimentierens erlaubten. Er spielte bei zwei Jazz-Alben mit, ›Last Poets‹ und Timothy Learys ›You Can Be Anyone This Time Around‹, hätte gerne mit Miles Davis aufgenommen und knüpfte Kontakt zu dem Jazz-Produzenten Alan Douglas, der mit einigen Jazzmusikern Aufnahmen für seine eigene Plattenfirma Douglas Records gemacht hatte. Damit verärgerte er sowohl Eddie Kramer als auch seinen Manager Mike – was Jimi nicht interessierte, denn für ihn ging es hier um Musik, und zwar Musik in einer Richtung, die ihn interessierte. Mit dem Debüt seiner neuen Band war Jimi alles andere als zufrieden. Er hoffte zwar, die Probleme mit verstärkt eingeräumten Proben lösen zu können, weigerte sich aber, mit der Gruppe auf Tournee zu gehen. Michael Jefferey versuchte zwar, ihn von der Dringlichkeit einer weiteren Tour zu überzeugen, aber diesmal blieb Hendrix hart, denn er fühlte sich kraftlos und ausgelaugt. Der ständige Drogenkonsum forderte seinen Tribut.

Anfang April reformierte sich die Jimi Hendrix Experience wieder, um ein weiteres Mal durch Amerika zu touren. Jefferey und Hendrix benötigten zusätzliches Geld, um das neue Studio auszubauen, und von der Tournee versprachen sie sich Nettoeinnahmen in Höhe von 1,3 Millionen Dollar. Mit Ausnahme der Rolling Stones konnte keine Live-Band so hohe Gagen erzielen. Dafür nahm Jimi auch die ständigen Querelen mit Noel Redding in Kauf, der den größten Teil seiner Energien mittlerweile in seine eigene Band Fat Mattress steckte, die fast auf der ganzen Tournee als Vorgruppe spielte. Die Qualität der Konzerte war durchwachsen; hatte die Band ei-

Jimis Philosophie war ziemlich abstrus und nicht leicht nachzuvollziehen. Aber es gab eine gewisse Nähe zwischen uns. Ich konnte seine Wünsche interpretieren, seine Musik verstehen und den Sound finden, nach dem er suchte. Aber ich glaube nicht, daß irgend jemand Jimi wirklich kannte.

Eddie Kramer

nen guten Tag, war sie noch immer in der Lage, einen inspirierten und anspruchsvollen Auftritt zu absolvieren.

Am 3. Mai flogen die Musiker mit ihrer Entourage nach Toronto, wo sie gegen 9 Uhr Ortszeit landeten. Jimi wurde vom kanadischen Zollbeamten Marvin Wilson aufgefordert, sein Reisegebäck zu öffnen. Das Ergebnis der Kontrolle: drei Cellophantüten mit einem weiß-bräunlichen Pulver sowie ein Stück braunes Harz: Heroin und Haschisch. Die Substanzen wurden beschlagnahmt und zur Untersuchung in ein Labor gebracht. Jimi wurde am Flughafen in Handschellen abgeführt, vier Stunden lang festgehalten und verhört. Zwar waren bereits zuvor Musiker wegen Haschisch- und LSD-Besitzes verhaftet worden, doch jetzt wurde erstmals ein Musiker mit Heroin erwischt. Hendrix gab jedoch an, von den Drogen in seinem Gepäck nichts gewußt zu haben. Die Umstände dieses Vorfalls konnten nie geklärt werden: War Jimi wirklich so dumm, im eigenen Gepäck Rauschgift mit sich zu führen? Oder war es ihm untergejubelt worden?

Das Konzert in der Maple Leaf Gardens Hall fand dennoch statt. Um Ausschreitungen vorzubeugen, hatten die Beamten entschieden, daß die Jimi Hendrix Experience ihr Konzert nicht absagen sollte, und so wurde Jimi mit Polizeieskorte zur Halle gebracht. Unter den wachsamen Augen der Ordnungshüter betrat Jimi in Toronto die Bühne. Er grüßte das Publikum mit einer kurzen Ansprache, deren wahre Bedeutung nur Eingeweihte verstehen konnten: »Vergeßt einfach, was gestern, heute oder morgen passiert. Wir bauen hier unsere eigene kleine Welt auf!«

Das Konzert gehörte zu den besten der ganzen Tournee, und die Zuschauer gingen begeistert nach Hause, ahnungslos, daß ihr Held den Rest der angebrochenen Nacht im Gefängnis verbringen und befürchten mußte, noch einige mehr

---

Heroin (Diacetylmorphin) wird in einem chemischen Vorgang aus Schlafmohnkapselsaft gewonnen. Der Hauptwirkstoff ist dabei das Morphin. Heroin wird geraucht, geschnupft oder durch eine Injektion in die Venen zugeführt. Wie alle Opiate hat Heroin eine schmerzstillende und euphorisierende Wirkung. Sämtliche negativen Empfindungen wie Schmerz, Leeregefühle, Sorgen, Unwillen, Angst werden kurz nach der Einnahme zugedeckt; hinzu kommt ein momentan spürbares Hoch- und Glücksgefühl. Schon ein kurzzeitiger, regelmäßiger Konsum kann psychische und körperliche Abhängigkeit erzeugen.

dort zu erleben! Sieben Jahre hätten es im Höchstfall sein können.

Am nächsten Morgen wurde Hendrix auf Kaution freigelassen, mußte sich aber auf ein Verfahren wegen illegalen Heroin- und Haschischbesitzes gefaßt machen. Bis zur Voranhörung am 19. Juni durfte er sich aber in Kanada und den USA frei bewegen und seine Tournee wie geplant fortsetzen. Michael Jefferey war es durch seine guten Kontakte zu den Medien gelungen, daß Einzelheiten des Vorfalls in Toronto nicht in der internationalen Presse breitgetreten wurden. Er fürchtete zu Recht um Jimis Image; als heroinsüchtiger Junkie wäre er nicht mehr gut zu vermarkten gewesen. Erst am 31. Mai erschien im ›Rolling Stone‹ ein recht ausführlicher Artikel über Jimis Verhaftung. Darin wurde jedoch behauptet, die Beschaffenheit der sichergestellten Substanzen wäre noch nicht geklärt.

Bis Ende Mai war die Jimi Hendrix Experience noch zusammen unterwegs. Am 23. Mai spielten sie ein zweites Mal in Jimis Heimatstadt Seattle. 15000 Fans erlebten das Konzert. Hendrix hatte inzwischen seine eigene Version der amerikanischen Nationalhymne ›Star Spangled Banner‹ in sein Live-Programm aufgenommen. Besonders in den konservativen Südstaaten kam es im Publikum immer wieder zu Unruhen und auch konkreten Drohungen: Der »verdammte Nigger« würde die Halle nicht lebend verlassen, wenn er es wagte, ›Star Spangled Banner‹ zu spielen – wenn Hendrix, ein Farbiger, sich an der Nationalhymne »vergriff«. Sobald die Band zwischen den Konzerten ein paar freie Tage hatte, flog Jimi nach New York und vergrub sich im Record Plant Studio ganz in seine Arbeit. Billy Cox, Jimis alter Freund aus Armeezeiten, kam auf Jimis Wunsch ebenfalls nach New York und nahm an einigen Jamsessions teil. Die Zusammenarbeit funktionierte so

---

Hendrix' Gitarre scheint ein verlängerter Teil seines Körpers zu sein. Die seltsamen Positionen, aus denen er mitunter spielt, scheinen ihm von seinen Gefühlen diktiert zu werden, ganz so, als könne seine Gitarre, solange er sie auf die übliche Weise hält, seine aus ihm hervorbrechenden Gefühle nicht ausdrücken. Man bekam den Eindruck, als würde die Musik auch ohne Gitarre aus seinem Körper herausfließen.

›Seattle Post Intelligencer‹
über das zweite Konzert in Seattle

gut, daß Jimi überlegte, in Zukunft Noel Redding durch Billy Cox zu ersetzen.

Am 19. Juni mußte Jimi in Toronto vor Gericht erscheinen. In der Voranhörung wurde die Anklage gegen James Marshall Hendrix wegen illegalen Besitzes von Heroin und Haschisch bestätigt und der Prozeßtermin auf den 8. Dezember 1969 festgelegt. Nach Zahlung einer weiteren Kaution in Höhe von 10 000 kanadischen Dollar wurde Jimi wieder auf freien Fuß gesetzt.

Spätestens seit »Monterey« hatten Pop Festivals ihren festen Platz im amerikanischen Kultursommer. Jeder Veranstalter träumte davon, ein noch größeres Happen-

51 Jimi in Santa Clara, Kalifornien. 25. Mai 1969

ing auf die Beine zu stellen. Im Sommer 1969 fand vom 20. bis zum 22. Juni in der Nähe von San Fernando das Newport Pop Festival statt, das zu den größten Veranstaltungen seiner Art gehörte. Die Experience spielte als Headliner am ersten Abend – Jimi die meiste Zeit mit dem Rücken zum Publikum, weil dieses ihn durch einige Reaktionen verärgert hatte.

Nach den Vergleichen, die er durch das Leben in England hatte, sah Jimi seine amerikanische Heimat mit kritischeren Augen: »Womit ich wirklich Probleme habe, sind die misera-

Ich habe vor, in meinen Sessions von jetzt an verschiedene Leute auftreten zu lassen; ihre Namen sind nicht wichtig – man würde sie sowieso nicht kennen. Es macht mich echt fertig, daß so viele Leute hungern müssen, Musiker, die doppelt so gut sind wie die großen Namen.

Jimi Hendrix

52 Überraschungsbesuch der Drogenfahndung

blen Gesetze, die hier gelten, die Art, wie dieses Land [USA] regiert wird. Überall sieht man üble Dinge, und sobald man den Fernseher einschaltet, hat man das Böse direkt vor Augen. Ich habe das Gefühl, daß ich dazu etwas sagen muß. Ich versuche, meine Musik als Maschine einzusetzen, die diese Menschen bewegt, damit sich was ändert.« – »Man muß es versuchen. Das werde ich tun, und wenn es klappt, großartig!«

»Es ist Zeit für eine neue Nationalhymne. Amerika ist in zwei total verschiedene Lager gespalten. Es muß etwas geschehen, sonst werden wir einfach von diesem Programm weitergeschleppt, das auf der Vergangenheit beruht und völlig verstaubt ist … Es ist immer leicht zu sagen, was schwarz und weiß ist. Man kann einen Schwarzen sehen. Aber worum es heute geht, ist alt und jung – nicht im Sinne von Alter, sondern von der Denkweise her. Altes und Neues sozusagen. Es gibt eine Menge älterer Leute, die fast ein Leben dazu gebraucht haben, einen Punkt zu erreichen, den heute auch kleine Kinder begreifen. Sie haben aber keine Chance, das zu zeigen. Deshalb klammern sie sich an das, was passiert. Deshalb waren so viele Menschen in Woodstock. Du kannst all das Kaputte aufzählen, aber warum daran herumdoktern. Man muß an den Kern der Sache heran. Das ist alles, woran man sich halten kann, in der Kunst, die die eigentliche Welt ist, die eigentliche Seele der Welt. Man muß über das schreiben, was man denkt. Deine eigene kleine Sache machen. Solange du dei-

Die Liste der teilnehmenden Künstler am **Newport Pop Festival** konnte sich sehen lassen: Ike & Tina Turner, Joe Cocker (der mit der Beatles-Coverversion ›With a Little Help From my Friends‹ den Durchbruch geschafft hatte), die amerikanische Kultband Creedence Clearwater Revival, Steppenwolf (die mit ›Born to be Wild‹ gerade einen Riesenhit gelandet hatten), Jethro Tull, Johnny Winter, Eric Burdon, Marvin Gaye bis hin zu den Byrds.

nen Arsch hochkriegst und irgendwie auf die Beine kommst, raus aus dem Bett und runter auf die Straße … Das Ende ist ein neuer Anfang. Es ist Zeit für eine neue Hymne, und daran schreibe ich jetzt.«

Auch wenn Jimi sich wie ein Blumenkind kleidete – von Kopf und Einstellung her war er ganz sicher keines! »Diese Massenbewegung mit ihren Love-Sprüchen kann man vergessen«, sagte er im April 1969 kategorisch.

In der hochpolitischen Zeit der späten sechziger Jahre war es fast unmöglich, politischen Themen aus dem Weg zu gehen, und so schrieb auch Jimi »einen Song über Abtreibung, einen über Vietnam, einen zu fast jedem Problem«. Und dennoch, ein richtiges politisches Bewußtsein hatte Jimi nicht.

Am 29. Juni fand in Colorado das Denver Pop Festival statt. Wieder wurden 30 000 Zuschauer erwartet, aber die Liste der beteiligten Künstler war nicht ganz so imposant wie am Wochenende zuvor in Newport. Mit auf dem Programm standen außer Jimi noch Joe Cocker, Three Dog Night, Iron Butterfly, Creedence Clearwater Revival und Frank Zappas Mothers of Invention. Obwohl Hendrix den ganzen Tag lang unter LSD-Einfluß stand, zeigte er sich am Abend guter Dinge und war durchaus in der Lage, ein anspruchsvolles Konzert zu geben. Kurz vor der Zugabe schockierte Jimi das Publikum mit einer – auch für seine Mitmusiker – überraschenden Ankündigung: »Dies war das allerletzte Konzert, das wir als Band zusammen gespielt haben!« Redding verstand sofort, daß diese Attacke in erster Linie ihm galt, und packte wortlos seine Koffer. Als er am nächsten Tag am Flughafen in London eintraf, erklärte er der Presse, daß er die Jimi Hendrix Experience endgültig verlassen habe. »In Denver habe ich erfahren, daß Jimi in einigen Presseinterviews davon sprach, die Band zu erweitern«, meinte Redding später in einem Interview. »Mitch und

Wir dachten kaum über diese Dinge (Politik, Vietnam, Rassismus) nach. Sie schienen so weit entfernt und hatten mit unserem Alltag gar nichts zu tun. Jimi schien keine klar umrissenen politischen Ideen zu haben, nur den vagen Glauben, daß jeder versuchen sollte, mit jedem anderen auszukommen.

Kathy Etchingham

mir gegenüber hat er das allerdings nie erwähnt. Jedenfalls habe ich daraus die Konsequenzen gezogen und bin ausgestiegen.« Glücklicherweise standen nach dem Denver Pop Festival zunächst keine weiteren Auftritte auf dem Tourneekalender, und Billy Cox saß in New York bereits in den Startlöchern.

Nach der Hektik der letzten Monate war auch Michael Jefferey bewußt, daß Jimi weitab vom Großstadttrummel neue Kräfte und neue Ideen tanken mußte, und er mietete ein großartiges Anwesen in der Nähe der Gemeinden Shokan und Woodstock für ihn und eine ganze Reihe befreundeter Musiker. Billy Cox war natürlich mit von der Partie, ebenso Larry Lee, den er noch aus seinen Zeiten in Nashville kannte und

der gerade aus Vietnam zurückgekehrt war, und die puertoricanischen Percussionisten Jerry Velez und Juma Sultan, die er aus dem Village in New York kannte. Ganz bewußt holte er sich Musiker dazu, die er aus alten Zeiten kannte, mit denen er sich damals schon verstanden und musikalisch eine Sprache gesprochen hatte.

Anfang August flog Jimi mit ein paar Freunden für eine Woche nach Marokko. Sie mieteten ein Auto, besuchten Marrakesch, Casablanca und Mohammedia – eine Reise, die Jimi allerdings nicht son-

53 Billy Cox

Das legendäre **Woodstock Festival** (Woodstock Music & Arts Fair) vom 15. bis 17. August 1969 in Bethel im Bundesstaat New York gilt noch heute als Höhepunkt der Hippie-Ära, deren Grundbegriffe Free Love, Peace & Music über Woodstock definiert wurden. Der Drogenkonsum war in diesen drei Ta-

derlich genoß. »Als er zurückkam, schien er das Gefühl zu haben, daß sein Leben nicht mehr in seiner Hand lag … Die Einzelheiten habe ich nie erfahren, aber ich weiß, daß er dort Angst hatte«, berichtete die Köchin Claire.

Michael Lang, der Veranstalter des Miami Pop Festivals, und sein neuer Partner, der ehemalige Capitol Records-Mitarbeiter Artie Kornfeld, planten in Woodstock das wohl größte Musik- und Kunstfestival aller Zeiten. Nach Problemen mit den Anwohnern in Woodstock mußte der Veranstaltungsort auf ein Gelände in der Nähe des Dorfes Bethel verlegt werden. Der Name Woodstock Music & Arts Fair blieb jedoch der Einfachheit halber bestehen. Nur 60 000 Eintrittskarten wurden im Vorfeld verkauft. Doch noch bevor die erste Band am Auftaktabend ihre Instrumente stimmen konnte, war bereits eine wahre Völkerwanderung in Richtung Bethel im Gange. Die Organisation und der Ticketverkauf drohten völlig zusammenzubrechen, und die Veranstalter formten das Festival daraufhin kurzerhand und zwangsweise in ein Gratis-Happening um. Der Gouverneur von New York erklärte das gesamte Gelände um Bethel an diesem Wochenende zum Katastrophengebiet. Trotz sintflutartiger Regenfälle pilgerten fast 500 000 Besucher nach Bethel.

Obwohl Hendrix noch keine feste Band zur Verfügung stand, wurde er als Headliner gebucht. Die nun aus Billy Cox, Larry Lee, Juma Sultan, Jerry Velez und dem aus London eingeflogenen Mitch Mitchell bestehende Band nannte Hendrix die Gypsy Suns and Rainbows. Unter diesem Pseudonym wollte er das Festival am Sonntag abend gegen Mitternacht mit einem glorreichen Spektakel beenden. »Wir haben nur ein paar Tage zusammen geprobt, und so klingt das Ganze auch«, gab Mitchell skeptisch zu bedenken. Doch der Regen in Bethel wurde immer schlimmer, und mit ihm setzte das Chaos ein.

gen enorm. Man tanzte, teilweise auch nackt, zu den Klängen von Joan Baez, Canned Heat, Joe Cocker, Judy Collins, Arlo Guthrie, Jimi Hendrix, The Who, Neil Young, Ten Years After, Ravi Shankar, Santana, Melanie, Janis Joplin, Sly & the Family Stone, Tim Hardin und The Grateful Dead im Schlamm. Der Friedensbewegung diente Woodstock als Protestaktion gegen den Vietnam-Krieg. Die Medien erfanden für die Jugend dieser Epoche das Schlagwort »Woodstock Generation«. In den neunziger Jahren gab es erfolgreiche Neuauflagen des Woodstock Festivals, die aber nicht an das Originalereignis heranreichten.

Die bis Sonntag abend verbliebenen Zuschauer waren vom Drogenkonsum und den Strapazen der zurückliegenden drei Tage so erschöpft, daß sie keine hohen Ansprüche mehr stellten. Im Backstage-Bereich waren alle Getränke mit Acid versetzt, und viele Musiker waren so high, daß sie kaum mehr den Weg auf die Bühne fanden.

Bedingt durch die unzähligen Verzögerungen im Programmablauf wurde Jimis Auftritt schließlich auf Montag morgen verschoben. Als die Gypsy Suns and Rainbows dann bei Sonnenaufgang endlich ihre Instrumente an die Verstärker anschlossen, waren die meisten Zuschauer bereits abgereist. Etwa 25 000 Leute tummelten sich noch vor der Bühne. Durch seine lockere Atmosphäre erinnerte ihr Auftritt eher an eine Jamsession. »Es gab keine Setliste«, erklärte Juma Sultan. »Wir hatten keine Vorstellung, was wir eigentlich spielen sollten.« Jimi, mit Jeans, weißer Fransenjacke und rotem Stirnband, wirkte abgespannt und müde, allerdings auf seltsam in sich versunkene Art sehr konzentriert, entrückt, und doch aufmerksam und präsent. Alles, was er an Energie in sich trug, ging direkt in seine Musik. 140 Minuten lang spielten die Zigeuner so improvisiert, aber durchaus auch mit Höhepunkten, wie beispielsweise ›Voodoo Chile (Slight Return)‹, ›Purple Haze‹ oder das obligatorische ›Star Spangled Banner‹ bewiesen. Mit jeder Note veränderten sich bei diesem Song seine Gesichtszüge, von verzerrt und verkrampft zu locker und gelöst.

Juma, der eine solche Großveranstaltung noch nie erlebt hatte, war begeistert: »Dieses Menschenmeer, die unglaublich positive Energie durch die aufgehende Sonne und das Tageslicht, es war einfach umwerfend!« Schließlich verabschiedeten sich die Gypsy Suns and Rainbows mit einer unerwartet frisch klingenden Version von ›Hey Joe‹. Das gesamte Festival wurde von Eddie Kramer für ein Album aufgezeichnet und

Wir brauchten mit unserem Kombiwagen Stunden, um bis zum Gelände durchzukommen. Es war das reinste Schlachtfeld. Am Ende mußten wir noch einen ganzen Kilometer zu Fuß durch den Schlamm waten, um zu unserer Garderobe zu kommen.

Mitch Mitchell

54 Besuchermassen in Woodstock

vom Monterey-erfahrenen Regisseur D. A. Pennebaker gefilmt.
Das Live-Album aus Woodstock wurde in den siebziger Jahren ein ebenso großer Verkaufserfolg wie der gleichnamige Ki-
nofilm. Als Woodstock stattfand, war es nur ein – wenn auch
chaotisches und außergewöhnliches – Festival; zum Mythos
wurde es erst später, nicht zuletzt auch aufgrund der perfekten Vermarktung.

Trotz der ausgiebigen Sessions im gemeinsamen Haus waren
die Gypsy Suns and Rainbows nicht zu einer echten Gruppe
zusammengewachsen. Ständig spielten andere Musiker zusammen, und keiner von ihnen wußte, ob sie nun Mitglieder in Jimis Band waren oder nicht. Sollten sie bei diesem Fernsehauf-

Jimi Hendrix at Woodstock
(Doppel-CD & Video)
VÖ: Juli 1999,
remastered von Eddie Kramer
CD-Titel: ›Message to Love‹, ›Hear
My Train A-comin´‹, ›Spanish
Castle Magic‹, ›Red House‹, ›Lover
Man‹, ›Foxey Lady‹, ›Jam Back at
the House‹, ›Izabella‹, ›Fire‹,

›Voodoo Chile (Slight Return)‹,
›Star Spangled Banner‹, ›Purple
Haze‹, ›Woodstock Improvisation‹,
›Villanova Junction Blues‹, ›Hey
Joe‹

tritt dabei sein oder nicht? Dazu kam, daß Jefferey mit dem chaotischen Haufen, der jetzt Jimis Begleitband darstellte, nicht glücklich war und auch seinerseits versuchte, die Musiker zu blockieren oder auszubooten. Jimi mußte bald erkennen, daß die Gypsy-Suns-and-Rainbows-Formation nicht so funktionieren würde, wie er es sich erhofft hatte, was ihn zutiefst frustrierte und deprimierte. Anfang Oktober löste er die Band daher auf.

Sein nächstes Projekt sollte eine rein schwarze Combo werden. Mit seinen alten Freunden Buddy Miles am Schlagzeug und Billy Cox am Baß gründete Hendrix noch im selben Monat das Trio Band of Gypsys.

Darüber hinaus wußte Jimi nicht, ob er nun ohne Jefferey weitermachen sollte und konnte – oder nicht. Er befürchtete – und diese Befürchtungen wurden von anderen und vor allem im nachhinein bestätigt –, daß Mike ihn herumging, ihm gezahlte Gagen verschwieg und ihm weniger auszahlte, als ihm zustand.

55 Jimi am 17. August 1969 in Woodstock

Ich denke, daß Jimi unter großem Druck stand. Er hatte all diese Verträge zu erfüllen, von denen niemand die Details kannte. Hendrix schrieb nicht mehr so gutes Material, weil die Plattenfirma »eingängigere« Songs von ihm verlangte. Ich glaube, er fühlte sich in dieser Zeit auf verlorenem Posten, und ich glaube, daß er geschäftlich manipuliert wurde. Gott segne ihn, er hätte nur eine Pause gebraucht.

Noel Redding im Mai 1997 über Jimis Musik
nach der Trennung der Band Experience

Absturz und Ende

Jimi befand sich in einer Phase völliger Orientierungslosigkeit, zu der sein extensiver Drogenkonsum in hohem Maße beitrug. Außerdem verzettelte er sich immer mehr im Dickicht des geschäftlichen Dschungels. Er unterschrieb Verträge, ging Verpflichtungen ein, nahm Bürgschaften auf und verstrickte sich bis zum Hals – und über die Möglichkeiten seiner Kreativität hinaus – in Zusagen für Plattenfirmen.

Als Jimi mit der Musik begonnen hatte, hatte er ein Ziel vor Augen gehabt: gut spielen zu können, eine gute Band zusammenzustellen, einen Plattenvertrag zu bekommen, Erfolg und Geld zu haben, um sich und seine Musik verwirklichen zu können. Statt sich aber durch Ruhm und Erfolg von Zwängen zu befreien, waren nur andere dazugekommen. Vom Geld war er nach wie vor abhängig, denn er hatte investiert, und nun fraßen ihn die Kosten auf. Mit seiner Band war er nicht mehr glücklich, doch war er nicht in der Lage, wirklich zu formulieren, wo er mit ihr und seiner Musik hinwollte. Ähnlich war es im Studio. Geradezu besessen suchte er nach dem perfekten Sound, konnte jedoch niemandem vermitteln (auch seinem langjährigen Vertrauten Eddie Kramer nicht), wie dieser beschaffen sein sollte – vielleicht, weil er im Grunde selbst nicht wußte, wie dieser klingen sollte. Gitarrist Carlos Santana erlebte Jimi Mitte November 1969 im Record Plant

56 Jimi am Mischpult

Studio und war zutiefst schockiert über den ausgebrannten und mit Drogen vollgepumpten Menschen, den er dort beobachtete.

Im Gegensatz zu einer Musikgruppe, in der die Mitglieder zumindest gegenüber der Außenwelt an einem Strang ziehen, zusammenhalten und – das ist wohl das Wichtigste – sich alle gemeinsam in derselben Situation befinden, sich also darüber austauschen und gegenseitig stärken können, war Jimi in jeder Hinsicht völlig auf sich allein gestellt: Er mißtraute seinem Manager, wechselte seine Musiker und hatte keine feste Beziehung.

In London hörte Kathy Etchingham immer seltener von ihm. Für Kathy war die Beziehung damit beendet, im Sande verlaufen, »eine natürliche Entwicklung«. Sicher hatte sich durch ihrer beider sehr unterschiedliches Leben die Distanz zwischen ihnen vergrößert. Immer fürchtete Jimi, verletzt zu werden. Sich auf ein einziges Mädchen einzulassen, schien ihm diese Gefahr zu vergrößern, und sich in stärkerem Maße auf eine Person einzulassen, bedeutete auch eine größere Verpflichtung. Jimi flüchtete aus dieser Verpflichtung in die Freiheit, mit vielen Mädchen mehr oder weniger lockere Beziehungen zu haben, denen er sich immer wieder entziehen konnte, wenn die Gefahr der Nähe und Enge zu groß wurde. Denn je tiefer er sich einließ, desto größer war auch die Gefahr, wirklich verletzt zu werden. Die Sehnsucht nach der großen, wahren Liebe war dennoch da: »Ich gebe zu, ich würde gern ein nettes, stilles Mädchen kennenlernen, vielleicht vom Land. Eine, die von mir und meinem Ruf überhaupt nichts weiß«, formulierte er sein verklärtes Idealbild.

Im September setzte Jimi sich dann gegenüber Jefferey durch. Sämtliche Konzerttermine, die dieser ohne Jimis Zustimmung gebucht hatte, mußten abgesagt werden. Hendrix erklärte sich lediglich bereit, am 5. September in Harlem bei einem Be-

Er sagte, okay, laß das Band laufen, und begann aufzunehmen. Es war umwerfend. Aber nach etwa 15 bis 20 Sekunden war er völlig aus dem Song raus. Plötzlich war die Musik, die aus den Boxen kam, meilenweit entfernt von dem Song, so, als ob er ausflippen und eine riesige Schlacht mit irgend jemandem im Himmel führen würde. Es hatte absolut nichts mehr mit dem Song zu tun ... Sie trennten ihn von den Verstärkern und von der Gitarre, und es war, als hätte er einen epileptischen Anfall ... Als

nefizstraßenfest zugunsten der United Block Association zu spielen – zum ersten Mal vor einem fast ausschließlich schwarzen Publikum! »Wenn ich hierherkomme, sagen die Leute: Hendrix spielt weißen Rock für die Weißen«, erklärte Jimi in Harlem gegenüber der ›New York Times‹. »Ich will den Leuten hier klarmachen, daß Musik etwas Universelles ist, daß es weder schwarzen noch weißen Rock gibt. Viele von den Kids, die heute gekommen sind, haben keine sechs Dollar übrig, um sich ein Konzert im Madison Square Garden anzusehen.«

Am 7. Dezember flog er nach Toronto und erschien am nächsten Morgen pünktlich und konservativ gekleidet zur Gerichtsverhandlung in der Drogensache. Jimi gab zu, schon Drogen genommen zu haben, erklärte aber, daß die Drogen in seinem Gepäck nicht von ihm gewesen seien. Er sagte, daß jemand das Heroin sowie das Haschisch ohne sein Wissen in seinem Gepäck deponiert haben mußte, und wiederholte, daß er ein Drogenproblem habe, in diesem Fall aber wirklich unschuldig sei. Darüber hinaus schwor er, inzwischen clean zu sein. Am dritten Verhandlungstag wurde Jimi in allen Punkten der Anklage freigesprochen.

Den restlichen Dezember verbrachte er mit der Band of Gypsys im Probenraum oder im Record Plant Studio, wo unter anderem die Aufnahmen ›Ezy Ryder‹ (inspiriert vom Kultfilm ›Easy Rider‹), ›Earth Blues‹ und ›Burning Desire‹ entstanden. In kaum einem Song hat Jimi sich selbst so treffend charakterisiert, sein Lebensgefühl so zum Ausdruck gebracht wie in ›Ezy Ryder‹.

Doch trotz einiger guter Songs befand er sich in einem kreativen Tief. Längst hätte er ein neues Album abliefern müssen, aber das neue Material reichte bei weitem nicht aus. Um den Wünschen der Plattenfirma gerecht zu werden, bot er an, ein Live-Album fertigzustellen. Die Marketing Manager willigten

---

sie ihn losrissen, waren seine Augen rot, er war völlig hinüber ... Meiner Meinung nach war es sein ganzer Lebensstil: die ganze Nacht aufbleiben, die Frauen, die vielen Drogen, dieser ganze Kram. Es war eine Kombination all dieser intensiven Dinge, die ihm wegen seiner fehlenden Disziplin zusetzten. Damals war die Disziplin im Rock-Lebensstil gleich null.

Carlos Santana

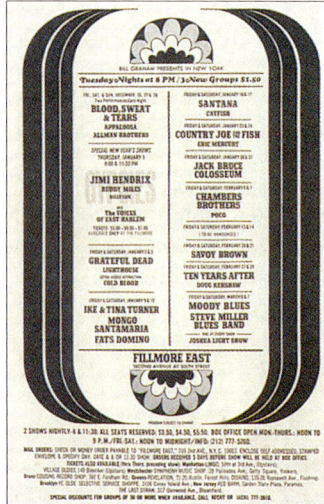

zögernd ein, verlangten allerdings nach aktuellem Live-Material, in dem er auch neue Songs spielte. Er entschloß sich, mit der Band of Gypsys an Sylvester und am Neujahrstag jeweils zweimal im Fillmore East zu spielen. Die Konzerte sollten für das geplante Live-Album mitgeschnitten werden. Als Vorgruppe wurden die New Voices of Harlem engagiert.

Das erste Silvester-Konzert verlief ohne besondere Höhepunkte. Jimi beschränkte sich ausschließlich auf neues Material, stellte neue Kompositionen wie ›Ezy Rider‹, ›Izabella‹ und ›Earth Blues‹ vor, die vom Publikum zu seiner Überraschung dankbar aufgenommen wurden. Nur Leute, die Jimi besser kannten, bemerkten, daß seiner Darbietung das gewisse Feuer fehlte. Veranstalter und Clubinhaber Bill Graham sagte nach dem Konzert zu Hendrix: »Du hast die Gitarre auf die Schultern genommen, du hast sie hinter deinem Rücken gespielt, sie mit den Zähnen, den Füßen und den Knien gezupft. Du hast alles mit ihr gemacht – nur eines nicht: Du hast vergessen, sie zu spielen.« Wenig erfreut von dieser herben, wenn auch berechtigten Kritik, nahm sich Hendrix noch einmal zusammen und spielte, als würde sein Leben davon abhängen. »Es war die brillanteste emotionale Darbietung, die ich je von einem virtuosen Gitarristen gehört habe«, staunte Bill Graham. »Hendrix stand

57 Ankündigung des Konzerts der Band of Gypsys am Neujahrstag 1970

einfach nur auf der Bühne, machte gar keine Show, aber er spielte und spielte.«

Die Band of Gypsys hatte ihre Feuerprobe bestanden. Billy Cox bewährte sich am Schlagzeug, aber der ehrgeizige Buddy Miles fühlte sich nicht ganz so wohl. Er war in einer Band, die sich ganz auf Jimi Hendrix zu konzentrieren schien, nicht gut aufgehoben. Sein eigenes musikalisches Ego war zu groß, um ständig in Jimis Schatten zu stehen. Michael Jefferey beobachtete diese Entwicklung voller Interesse und wünschte sich, Jimi möge mit Noel Redding die alte Experience reformieren.

Am 28. Januar 1970 fand im New Yorker Madison Square Garden ein großes Friedenskonzert statt. Unter dem Titel Winter Festival for Peace standen Harry Belafonte, Peter, Paul & Mary, Blood, Sweat & Tears, The Rascals, Richie Havens und das Ensemble des Broadway-Musicals ›Hair‹ auf der Bühne. Jimi sollte mit seiner Band of Gypsys den krönenden Abschluß bilden, aber das Konzert wurde für ihn zum Desaster. Er war unter Drogeneinfluß völlig weggetreten, bekam seine eigenen Songs nicht mehr auf die Reihe und setzte sich schließlich resigniert mitten auf der Bühne auf den Boden. Buddy Miles erklärte dem Publikum entschuldigend: »Wir kriegen es nicht wirklich zusammen. Gebt uns noch ein bißchen Zeit, wir haben die Sache noch nicht im Griff.« Jimi war am Ende – leer, ausbrannt, von dem Leben, das er lebte, zerfressen. Und doch machte er weiter – irgendwie.

Michael Jefferey feuerte Buddy Miles, und die Band of Gypsys war damit Vergangenheit. Statt dessen wurde die Jimi Hendrix Experience reaktiviert. Das einzige Album der Band of Gypsys kam am 12. Juni auf den Markt. Wie bei jeder Hendrix-Veröffentlichung war das Interesse der Öffentlichkeit groß, und das Album wurde auf beiden Seiten des Atlantiks zum Bestseller.

Als ich ihn sah, bekam ich eine Gänsehaut. Es war das Furchtbarste, was ich je gesehen hatte … Er sah aus wie ein Toter.
Bluesgitarrist Johnny Winter
über Jimi Hendrix beim
Konzert im Madison
Square Garden

58   Cover der LP ›Band of Gypsys‹

›Band of Gypsys‹
Im Blues-lastigen Opener ›Who Knows‹ dominierte Buddy Miles, und Jimi begnügte sich mit einigen Wah-Wah-Riffs. Das zwölfminütige ›Machine Gun‹ war den amerikanischen Soldaten in Vietnam gewidmet. Die Fallschirmspringertruppe, in der Jimi einst gedient hatte, war nach Vietnam beordert worden, und für viele schwarze Soldaten war Jimi ein Idol.

Bei der dritten Nummer, ›Them Changes‹, handelte es sich um eine Buddy-Miles-Komposition, die recht locker daherkam. Dagegen läßt sich ›Power of Soul‹ als Hendrix pur bezeichnen und lebt von eingängigen Gitarrenläufen und Funkeinlagen.

Mit ›Message to Love‹ beschrieb Hendrix den Kampf, der hinter den Kulissen einer jeden zwischenmenschlichen Beziehung stattfindet. In Einklang mit dem Gedankengut der Hippies glaubte er, daß man mit Liebe die Welt retten und verbessern könne. Dennoch war ihm auch eines bewußt: »Nimm es oder laß es, aber wenn du es nimmst, dann sei auf einen Kampf vorbereitet, denn man bekommt im Leben nichts geschenkt.«

Das Album endete mit einem weiteren Buddy-Miles-Stück, ›We Gotta Live Together‹, das Jimi mit einem seiner atemberaubendsten Soli abschloß. Auf der später veröffentlichten CD-Version sind als Bonus-Titel noch Live-Aufnahmen von ›Hear My Train‹, ›Foxy Lady‹ sowie der dritten Miles-Komposition, ›Stop‹, zu hören.

Der Ausbau des Generation Clubs mit dazugehörigem Studio verschlang mehr Geld, als Jefferey und Hendrix aufbringen konnten. Im Februar 1970 kamen die Arbeiten aus Geldmangel ganz zum Erliegen. Erst mit Hilfe einer finanziellen Spritze von Warner Brothers in Form eines 300 000 Dollar hohen Vorschusses ging es zwar bald wieder voran, aber Jefferey wußte, daß nur eine erneute Hendrix-Tournee die finan-

Band of Gypsys
›Band of Gypsys‹
VÖ: Juni 1970,
Produzent: Heaven Research Unlimited (Jimi Hendrix)
Live-Aufnahmen aus dem Fillmore East, New York, 1. Januar 1970
Titel: ›Who Knows‹, ›Machine Gun‹, ›Them Changes‹, ›Power of Soul‹, ›Message to Love‹, ›We Gotta Live Together‹
Bonus-Tracks auf CD: ›Hear My Train‹, ›Foxey Lady‹, ›Stop‹

ziellen Mittel für die Fertigstellung des Studios garantieren konnte.

Auf Jeffereys Drängen hin willigte Hendrix schließlich ein, es noch einmal mit seiner alten Band zu versuchen. Jefferey kontaktierte Noel Redding und Mitch Mitchell in London, und nur sieben Tage nach dem katastrophalen letzten Auftritt der Band of Gypsys gaben Hendrix, Mitchell und Redding die Reformierung der Jimi Hendrix Experience öffentlich bekannt. Doch die neue Harmonie in der Band war nichts weiter als Augenwischerei, denn kaum waren alle Verträge unterzeichnet, wurde Noel Redding kurzerhand wieder nach London zurückgeschickt, ohne daß er auch nur einen Ton gespielt hatte. Hendrix wollte einfach nicht mehr mit Noel zusammenarbeiten. Jeffereys Bitten hatte er nur zum Schein stattgegeben und den Bassisten für eine geschickte Marketingstrategie benutzt. Redding wurde durch Billy Cox ersetzt, die Band aber lief weiterhin unter dem Namen Jimi Hendrix Experience.

Doch anstatt sofort mit Plattenaufnahmen oder Proben zu beginnen, flog Jimi nach London. Er hatte erfahren, daß Kathy Etchingham Anfang des Jahres ihren neuen Freund Ray Mayer geheiratet hatte und war am Boden zerstört. Nicht, daß er Grund dazu gehabt hätte. Seit er in Amerika lebte, hatte sich seine Beziehung zu Kathy zunehmend verflüchtigt; für Kathy selbst, die kaum noch von ihm hörte, war sie beendet. Jimi aber dachte offensichtlich, »ich würde auf ihn warten. Er sah uns immer noch als Paar.« Als sie Jimi vom Flughafen abholte, war sie schockiert: »Jimi kam mit dem ersten Flug und sah aus wie ein totales Wrack. Ich war erstaunt zu sehen, daß er völlig allein war, denn ich hatte es nie erlebt, daß er ohne jede Begleitung reiste.«

Überrascht war sie auch von der Heftigkeit seiner Reaktion: Er schien ihre Beziehung ganz anders gesehen zu haben. »Ich

Während unserer letzten Tourneen war ›Red House‹ fester Bestandteil unseres Programms. Wir spielten ihn meist sehr lange, manchmal zehn oder fünfzehn Minuten lang. Wir fühlten ihn förmlich. Die meisten Songs behandelten wir so. Als ich mit Jimi in der letzten Periode seines Lebens zusammenkam, spielten wir mehr nach dem Gefühl als nach einer Struktur, und wir wußten, wo wir hingingen.

Billy Cox

war erstaunt zu sehen, wie völlig am Boden zerstört er von
dieser neuen Nachricht war. Er mochte in Amerika mit anderen geschlafen haben, aber er hatte niemanden getroffen, den
er als permanenten Partner haben wollte. Er hatte sich vorge-
stellt, ich würde auf ihn warten … Ich erkannte, daß ich ihn,
in seiner Vorstellung, genauso hängengelassen hatte wie seine Mutter und sein Vater zuvor.« Vermutlich hatte Jimi das
Gefühl, den letzten Halt in seinem Leben verloren zu haben,
den letzten Menschen, der einfach nur zu ihm hielt und von
dem er wußte, daß er sich auf ihn verlassen konnte. Jetzt hatte er erfahren, daß auch dem nicht so war … nicht einfach so,
nicht ohne einen Einsatz seinerseits.

Schließlich quartierte Kathy Jimi im Hotel ein und brachte
es fertig, die Beziehung auf eine freundschaftliche Basis zu
stellen: Sie bummelten einen Nachmittag lang gemeinsam
durch London und gingen einkaufen. An einem anderen Tag
spielte Hendrix mit Stephen Stills im Island Studio. Nach einer Woche, am 19. März 1970, flog er alleine nach New York
zurück.

Michael Jefferey nutzte derweil das neu erwachte Medien-
interesse an der Jimi Hendrix Experience, um eine lukrative
Amerika-Tournee zu buchen. Schließlich war Jimi in den Vereinigten Staaten seit einem Jahr nicht mehr auf Tour gewesen,
und Jefferey wollte auf keinen Fall, daß er in Vergessenheit
geriete. Die erste Konzertreise der neuen Experience begann
am 25. April 1970 im Forum in Los Angeles vor knapp 20 000
Zuschauern. Im Vorprogramm waren der Buddy Miles Express und die Gruppe Ballin' Jack zu hören. Jimi war wieder
voll in seinem Element. Sein Gitarrenspiel klang so inspiriert
wie lange nicht mehr, und er griff auf alte Klassiker wie ›Foxy
Lady‹, ›Sgt Pepper‹, ›All Along the Watchtower‹ oder ›Red
House‹ zurück. Überall spielte die Experience in vollen Hallen.

Jimi Hendrix Plays Berkeley
(Live-Video)
Titel: ›Johnny B. Goode‹, ›Hear My
Train A'comin'‹, ›Star Spangled
Banner‹, ›Purple Haze‹, ›I Don't
Live Today‹, ›Hey Baby (New
Rising Sun)‹, ›Lover Man‹,
›Machine Gun‹, ›Voodoo Chile‹

Ende Mai mußte Jimi zwar drei Konzerte wegen Krankheit absagen, aber am 30. stand er in Berkeley, Kalifornien, wieder auf der Bühne. Das Konzert wurde mitgefilmt und später als Video veröffentlicht. Im Mai 1970 trat er bei einem Benefizkonzert zugunsten des Drogenpapstes Timothy Leary im Village Gate Theater in New York auf.

Inzwischen gingen die Umbauarbeiten im Generations Club dem Ende zu. Jimi hatte sich entschlossen, das neue Studio Electric Lady zu taufen. »Hendrix konnte es kaum abwarten, mit den Aufnahmen im Electric-Lady-Studio zu beginnen«, erinnerte sich Eddie Kramer. »Er rief mich jeden Tag an und wollte wissen, ob schon alles fertig sei.« Hendrix hatte sich dort völlig nach seinem Geschmack eingerichtet. Einige Wände waren mit rotem Teppichboden bezogen, andere waren weiß und wurden von bunten Scheinwerfern angestrahlt. Es gab mehrere gemütliche Aufenthaltsräume, die mit großen Spiegeln und orientalischen Polsterkissen ausgestattet waren. Das Studio sollte sein Heim sein, sein Zufluchtsort, seine Höhle. Auf der dritten Etage lag Jimis Apartment, in dem er während der Studioarbeit wohnte. Im zweiten Stock wurden die Büros untergebracht, im ersten hatte Michael Jefferey sich eingerichtet – eine Tatsache, die Jimi weniger gefiel. Die plötzliche Nähe zu seinem Manager, der immer nur ein Geschäftspartner, nie ein persönlicher Freund war, war ihm unangenehm.

59 Jimi mit der Band of Gypsys im Fillmore East am 13. Dezember 1969

Mitte Juni war es dann soweit. Jimi lud Billy Cox und Mitch Mitchell während einer kurzen Tourneepause zu Aufnahmen in den Studio-A-Komplex des noch nicht offiziell eröffneten Electric-Lady-Studios ein. »Er kam plötzlich wieder überpünktlich ins Studio«, staunte Eddie Kramer, »und wir arbeiteten bis zu zwölf Stunden am Tag.« Hendrix hatte in den vergangenen Monaten über 30 neue Songs geschrieben. Sein nächstes Werk, ein geplantes Doppelalbum, sollte den Titel ›First Rays of the New Rising Sun‹ tragen und seine Erfahrungen in Amerika zusammenfassen, ebenso aber auch der Hoffnung Ausdruck geben, die er für die Zukunft hegte.

Jefferey hatte sich ganz einem Spielfilmprojekt verschrieben, das er ›Rainbow Bridge‹ nannte. Hendrix sollte den gesamten Soundtrack komponieren. Ende März 1970 hatte er den Vertrag für die finanzielle Unterstützung der Plattenfirma Warner beim Bau des Electric-Lady-Studios unterschrieben. Doch Jimi gefiel die Idee des Films nicht, und er wollte so wenig wie möglich in dieses Projekt involviert werden.

Chuck Wein, der mit Andy Warhol bereits Filme für dessen Factory gemacht hatte, sollte bei ›Rainbow Bridge‹ Regie führen. Das Projekt war als Jugendfilm im Stil von ›Easy Rider‹ gedacht – allerdings mit einem ganz anderen Lebensgefühl und vor allem einer positiveren Botschaft. Endete ›Easy Rider‹ in Frustration, Resignation und letztlich Tod, so sollte ›Rainbow Bridge‹ wirklich eine Regenbogenbrücke in eine bessere Welt schlagen. Besonders viel Raum wurde übersinnlichen Erfahrungen eingeräumt: Zen, Yoga, Meditation – Themen, die bei den Hippies voll im Trend lagen, Jimi allerdings nur am Rande beschäftigten.

»Das Wort Kirche ist zu sehr durch Religion besetzt, aber Musik ist meine Religion. Jesus ist leider viel zu früh gestorben, er hätte uns noch doppelt soviel mitteilen können … Der

In Amerika ging ich durch Phasen tiefster Depression, als ich sah, daß das Land dabei war, sich in zwei Hälften zu teilen. Das Leben dort wird von materiellen Dingen bestimmt. Ihr Gott ist der Dollar. Die Menschen dort sind wie Pelikane, die alle dasselbe denken. So etwas wie Rassenprobleme gibt es im Grunde gar nicht. Das ist nur die Waffe der negativen Kräfte, die das Land zerstören wollen … Sie [die Menschen] interes-

Mensch hat einfach alles total versaut, und ein Großteil der Religion ist einfach Gewäsch … Jesus hat seine Sache ziemlich gut gemacht. Aber die Zehn Gebote waren ein Fluch. Der Teufel holt dich nicht, nur weil du deine Schuhe falsch zugebunden hast. Man muß sich nicht schuldig fühlen, wenn man mit der Frau eines Freundes schläft«, war Jimis Meinung zum Thema Religion.

In typischer Warhol-Tradition waren die Schauspieler allesamt Laien, es gab weder ein richtiges Drehbuch noch eine durchgehende Handlung. Die Filmcrew flog mit ein paar Schauspielern nach Hawaii und begann, improvisierte Szenen zu filmen. Den Abschluß sollte ein Konzert der Jimi Hendrix Experience auf Hawaii bilden, das die Band vor dem Hintergrund des Haleakala-Kraters vor nur 400 Leuten gab – eine angenehme Alternative zu den sonst üblichen gigantischen Open Air Festivals vor endlosen, unüberschaubaren Menschenmassen. Den Film konnte Wein damit dennoch nicht mehr retten. Das 72 Minuten lange Werk wurde ein Flop.

Der Hawaii-Auftritt hatte im Rahmen der ersten gemeinsamen Tour des neuen Trios, der ›Cry of Love‹-Tour, stattgefunden. Am 26. Juli spielte Jimi wieder in Seattle, wo er zum letzten Mal mit seiner Familie zusammentraf. Eine Situation, die ihn immer wieder extrem beanspruchte, denn, so eine Freundin der Familie, die sich einst um das Baby gekümmert hatte: »Seine ganze Kindheit hier hat aus nichts anderem als Aufruhr bestanden. Er hatte bis zurück zu seiner Wiege nur schlechte Erinnerungen an Seattle.«

Den August verbrachte Hendrix fast ganz in seinem neuen Studio. Neben eigenen Songs hatte er auch eine Cover-Version des Dylan-Titels ›Drifter's Escape‹ aufgenommen. Außerdem spielte er zum ersten Mal reine Instrumentalstücke ein. Zunehmend faszinierten ihn sinfonische Projekte, und kurz vor

sieren sich nur für tote unnütze Sachen wie Jungs auf den Mond zu schießen … Das Leben muß positiv sein. Wenn dir dein Leben etwas bedeutet, kommt das Glück von allein. Jeder hat etwas zu geben. Unsere Körper sind so unwichtig wie ein Fisch im Meer, verglichen mit unserer Seele. Ich glaube, daß man so viele Leben haben wird, bis man all das Böse und den Haß aus seiner Seele ausgetrieben hat.

Jimi Hendrix

seinem Tod arbeitete er angeblich an einer Suite von acht Songs mit dem Titel ›Black Gold‹, von denen jedoch nur ›Astro Man‹ aufgenommen und veröffentlicht wurde. In diesem Comic-orientierten und -inspirierten Heldenepos, in dem er seinen Superman-Phantasien freien Lauf lassen konnte, sollte es um Lebewesen von fremden Planeten, Spiritualität und die Grundfragen der menschlichen Existenz gehen.

Zwischen dem 20. und 24. August fand Jimis letzte dokumentierte Session im Electric Lady statt. »Diese fünf Tage dienten ausschließlich der Abmischung und der Fertigstellung der neuen Songs«, erklärte Eddie Kramer. »Einige Stücke wie etwa ›Room Full of Mirrors‹ benötigten noch eine Menge Arbeit. Ich war mit dem Schlagzeug-Sound auf dem originalen Masterband nie so glücklich. Außerdem nahmen wir Overdubs und neue Gitarreneinlagen auf.« Das geplante Doppel-Album trug nicht länger den Namen ›First Rays of the New Rising Sun‹, sondern erhielt den Arbeitstitel ›Straight Ahead‹. Obwohl das Masterband noch immer nicht ganz fertig war, mußte Jimi seine Arbeit abermals unterbrechen, denn die Experience war als Headliner auf einige Festivals in Europa gebucht worden.

Noch am Abend der offiziellen Eröffnungsparty des Electric Lady Studios – bei der Jimi sich vor allem darüber empörte, wie rücksichtslos die Gäste sich in seinem Heiligtum aufführten – flog er nach London. Dort verabredete er sich mit seiner deutschen Bekannten Monika Dannemann, mit der er

60 Jimi bei Aufnahmearbeiten im Electric Lady

seit ihrem Kennenlernen im Januar 1969 in lockerem Kontakt geblieben war.

Am 30. August flog er dann mit seiner Band auf die Isle of Wight, wo ein dreitägiges Musikfestival stattfand. Das Isle of Wight Festival galt als europäische Antwort auf Woodstock. Von Freitag bis Sonntag bekamen die rund 600 000 Zuschauer eine Veranstaltung der Superlative geboten. Von The Who über The Doors, Emerson, Lake & Palmer, The Moody Blues, Donovan, Taste, Joan Baez, Joni Mitchell und Leonard Cohen bis hin zu Miles Davis reichte die Palette der Stars. Für die Veranstalter wurde das Festival dennoch zu einem finanziellen Desaster. Wie auch schon in Woodstock gelang es nicht, eine derart große Menschenmenge unter Kontrolle zu halten, und viele zahlten keinen Eintritt. Das Isle of Wight Festival war eines der letzten Mammut-Open-Airs am Ende einer Ära der Jugend- und Musikkultur der späten sechziger Jahre. Erst 1996 veröffentlichte der Regisseur Murray Lerner seinen Dokumentarfilm über das Festival unter dem Titel ›Message to Love‹.

Die Konzerte der einzelnen Bands zogen sich bis tief in die Nacht hinein. Als die Jimi Hendrix Experience am frühen Montagmorgen endlich auf die Bühne gehen konnte, schliefen viele Zuschauer bereits in ihren Zelten oder befanden sich gar auf der Heimfahrt. Die verbliebenen Fans erlebten einen übermüdeten Hendrix, der sich trotzdem alle Mühe gab, eine gute Show zu spielen. Nachdem die Crew zunächst mit Soundproblemen zu kämpfen hatte und es auch mit dem Zusammenspiel schlecht klappte, lief es ab Mitte des Konzerts besser, und Jimi bedankte sich beim Publikum für dessen Geduld mit einem Griff in seine Hitkiste. Es folgten ›Voodoo Chile‹, ›All Along the Watchtower‹ und eine erstklassige Version seines Blues-Titels ›Red House‹.

Songs für die LP **Straight Ahead** (Jimis handschriftliche Notiz mit der Songliste für das Album) ›Ezy Rider‹, ›Room Full of Mirrors‹, ›Earth Blues Today‹, ›Valley of Neptune‹, ›Cherokee Mist‹, ›Freedom‹, ›Stepping Stone‹, ›Izabella‹, ›Astro Man‹, ›Drifter's Escape‹, ›Angel‹, ›Bleeding Heart‹, ›Burning Desire‹, ›Nightbird Flying‹, ›Electric Lady‹, ›Getting My Heart Back Together Again‹, ›Lover Man‹, ›Midnight Lightning‹, ›Heaven Has No Tomorrow‹, ›Sending My Love‹, ›This Little Boy‹, ›Locomotion‹, ›Dolly Dagger‹, ›The New Rising Sun (Hey Baby)‹

Am späten Vormittag flog er weiter nach Stockholm, wo die Experience am Abend im Stora Scenen auftrat. Jimi war gesundheitlich am Ende; vor der Show leerte er eine ganze Flasche Whiskey »in einem Zug, als würde er Wasser trinken. Der Alkohol schien keine Wirkung auf ihn zu haben«, beobachtete ein schwedischer Fotograf. Verständlicherweise war er, als er endlich auf die Bühne ging, nicht gerade in bester Verfassung. Auch am folgenden Abend in Göteborg konnte Jimis Auftritt die Erwartungen der Zuschauer nicht erfüllen. Die nächste Station war Arhus in Dänemark. In London hatte er die beiden befreundeten Däninnen Kirsten Nefer und Karen Davis kennengelernt und sie zu den Konzerten in Dänemark eingeladen. Kirsten war schockiert, als sie ihn am 2. September in Arhus im Hotel sah: »Als er die Tür öffnete, taumelte er. Er war wirklich eigenartig ... Als wir allein waren, sagte er, er könne seine Gitarre nicht stimmen und er wolle nicht weitermachen. Als er spielte, sah ich in seinem Gesicht, daß etwas nicht stimmte. Ich fand heraus, daß er Schlaftabletten genommen hatte.«

Inzwischen wurde Jimi von Fieber und Schüttelfrost geplagt, schleppte sich noch auf die Bühne, mußte seine Show aber nach drei Nummern erschöpft abbrechen und versprach den enttäuschten Zuschauern, daß er zu einem späteren Zeitpunkt ein Gratiskonzert in Arhus geben würde. Doch im Hotel sagte er zu Kirsten, »er müsse die ganze Nacht mit mir reden ... Wir haben bis sieben Uhr morgens geredet.« Alle diese Symptome, das Nicht-Schlafen-Können und der starke Alkoholkonsum ohne Anzeichen von Trunkenheit deuten darauf hin, daß Jimi versucht haben könnte, alleine vom Heroin loszukommen. In Kopenhagen nahm Kirsten ihn mit zu ihrer Familie, wo sie auch übernachteten, und beim Konzert ging es Jimi schon sichtlich besser.

Jimi Hendrix at the Isle of Wight
(Live-Video)
Titel: ›Message to Love‹, ›God Save
the Queen‹, ›Sgt Pepper's Lonely
Hearts Club Band‹, ›Spanish Castle
Magic‹, ›All Along the Watch-
tower‹, ›Voodoo Chile‹, ›Freedom‹,
›Machine Gun‹, ›Dolly Dagger‹,
›Red House‹, ›In from the Storm‹

Anschließend gab die Band dann ihre letzten Konzerte in Deutschland, spielte zuerst in der Deutschlandhalle als Headliner des »Super Concert '70« mit Canned Heat, Procol Harum und Ten Years After, darauf beim Love & Peace-Festival auf der Insel Fehmarn. Neben der Jimi Hendrix Experience konnten Alexis Korner, Limbus 4, Floh de Cologne und Embryo als musikalische Gäste verpflichtet werden.

Anstatt der erwarteten Hippies zogen allerdings scharenweise in Lederkluft gehüllte Motorrad-Rocker in Fehmarn ein. Die Organisation versank im Chaos, und zu allem Überfluß begann es auch noch zu stürmen und zu regnen. Bald schwebte über dem Festival eine geladene Stimmung, das Publikum wurde aggressiv, entnervt vom langen Warten in Regen und Sturm, die Motorrad-Rocker wurden gewalttätig. Wegen des schlechten Wetters mußte Jimis Auftritt um einen Tag verschoben werden, was die Fans noch mehr in Rage brachte. Doch als Jimi auf die Bühne kam, gelang es ihm noch einmal, das Publikum mit seinen akrobatischen Gitarrensoli für sich zu gewinnen. Mit ›Voodoo Chile (Slight Return)‹ verabschiedete er sich schließlich von der brodelnden Menschenmenge.

Billy Cox, der sich seit einem schlechten LSD-Trip zu Beginn der Tournee in einer gesundheitlichen und psychologischen Krise befand, erlitt einen Zusammenbruch. Alle weiteren Ex-

61   Plakat des »Berlin Super Concert '70« mit der Experience als Headliner

perience Konzerte (geplant waren Wien, Paris und Rotterdam) mußten abgesagt werden. Die Band kehrte nach London zurück und ging getrennte Wege. Billy Cox begab sich in ärztliche Behandlung, und Mitch Mitchell kümmerte sich um seine Familie. Jimi kehrte nicht sofort nach New York zurück, sondern quartierte sich im Cumberland Hotel ein. Das Leben in New York war ein Kampf – dort warteten nur Probleme auf ihn, mit dem Studio, mit seinem Manager, mit den anderen Musikern. In London dagegen hatte man ihn immer freundlich aufgenommen, ohne an ihm herumzuzerren. Und so trendy London auch war – es war ruhiger und langsamer als das hektisch pulsierende, aggressive New York. Er wollte sich neu orientieren, stattete seinem früheren Manager Chas Chandler einen unerwarteten Besuch ab und erwog ernsthaft die Trennung von Mike. Jeffereys Vertrag mit Hendrix lief am 1. Dezember aus, und Jimi hatte nicht vor, diesen noch einmal zu verlängern. Außerdem rief er Eddie Kramer an und bat ihn, mit den Masterbändern für das Album nach London zu kommen, um es in den Olympic Studios fertigzustellen. Kramer lehnte jedoch ab. »Ich spürte, daß etwas in der Luft lag, aber ich sagte zu ihm: Jimi, sei nicht verrückt. Wir haben hier dieses wunderschöne Studio für dich gebaut. Komm zurück!«

Erst nachdem er bereits eine Woche in London war, rief Jimi Monika an, und zwei Tage später zog er zu ihr in das gemietete Apartment in Notting Hill Gate. Am Abend des 16. September, nachdem er den ganzen Tag mit Monika verbracht hatte, ging Hendrix noch einmal in den Ronnie Scotts Club zu einem Gastauftritt mit Eric Burdons neuer Band War. Monika verbrachte auch den 17. September und die letzten Stunden seines Lebens mit Jimi: »Wir kamen gegen zwanzig Uhr dreißig zusammen nach Hause. Ich kochte etwas zu Essen, und gegen dreiundzwanzig Uhr tranken wir eine Flasche Wein. Ich

New York macht mich im Moment krank. Es ist total klaustrophobisch. Alles passiert dort so schnell, daß man jedesmal, wenn man das Haus verläßt, das Gefühl hat, in eine Achterbahn zu steigen ... Amerika neigt dazu, in mir den Rebellen zu wecken.

Jimi Hendrix

wusch mir die Haare, und wir sprachen über Musik. Um ein
Uhr fünfundvierzig früh sagte Jimi, er hätte noch eine Verab-
redung. Ich fuhr ihn zu der angegebenen Adresse und holte
ihn um drei Uhr wieder ab. Zwischendurch haben wir dreimal
miteinander telefoniert. Zu Hause machte ich ihm zwei Sand-
wiches mit Thunfisch. Wir sprachen noch etwas und gingen
dann ins Bett. Um sieben Uhr nahm ich eine Schlaftablette
und wachte erst um zwanzig nach zehn wieder auf. Jimi
schlief noch fest, und ich ging kurz hinaus, um neue Zigaret-
ten zu kaufen. Als ich zurückkam, schaute ich nach, ob Jimi
wach war. Dann merkte ich, daß es ihm schlecht ging. Er lag
in einer Lache von Erbrochenem. Ich fühlte seinen Puls, aber
der war normal. Sein Herzschlag war auch genauso wie meiner. Ich versuchte nochmal, ihn zu wecken, aber er wollte
nicht aufwachen. Dann sah ich, daß er neun Vesparax Schlaftabletten genommen hatte.«

Monika versuchte, die Nummer seines Hausarztes in Erfahrung zu bringen und rief
schließlich eine Bekannte und
dann Eric Burdon an. Um
11.18 Uhr rief sie schließlich
einen Krankenwagen – nicht
ohne zuvor noch sämtliche
illegalen Drogen das Klo run-
tergespült zu haben. Zehn Minuten später war der Krankenwagen da.

20 Jahre später ließ Kathy
Etchingham den Fall noch
einmal aufrollen. Erst jetzt
stellte sich heraus, daß kein

62 Jimi auf dem Atlanta Pop Festival im Juli 1970

anderer Zeuge Monika Dannemanns Bericht vom Hergang der Ereignisse am 18. September 1970 bestätigen wollte. Zwei Krankenwagenfahrer, Reg Jones und Suau, erinnerten sich anders: »Als wir in die Wohnung kamen, war die Tür weit offen. Der Körper lag auf dem Bett, bedeckt von Kotze in allen Farben, schwarz, braun, überall, auf ihm, auf dem Kissen. Es war kein anderer Mensch in Sicht. Ich ging zurück in den Krankenwagen, um einen Aspirator zu holen und ihn wiederzubeleben, konnte es aber nicht. Die Kotze war ganz trocken, als hätte er schon eine lange Zeit so gelegen. Er hatte keinen Herzschlag. Er war blau, atmete nicht und reagierte nicht auf Licht oder Schmerz. Wir riefen die Polizei, denn wir dachten, daß die Umstände seines Todes sehr merkwürdig waren.« Über eine blonde Deutsche verlieren beide kein Wort: Jimi lag allein in seiner Wohnung.

Jimi wurde ins St. Mary Abbot Hospital gebracht, wo man nur noch seinen Tod feststellen konnte. Andere Aussagen behaupten, Jimi sei im Krankenwagen gestorben und überhaupt nicht ins Krankenhaus eingeliefert worden. Keiner der Beteiligten realisierte zu diesem Zeitpunkt, daß der Tote nicht einfach ein weiteres Drogenopfer im Londoner Schwarzenstadtteil Notting Hill war, sondern Jimi Hendrix. Davon lasen sie erst am nächsten Tag in der Zeitung. Hatte Jimi beim Eintreffen der Ambulanz wirklich noch gelebt? Wann und warum hatte er die Schlaftabletten überhaupt genommen?

Die Umstände von Jimis Tod wurden nie ganz geklärt. Die Wahrheit nahm Monika 1998 mit ins Grab. Sie verübte im Alter von 50 Jahren im Juni 1998 Selbstmord, nachdem sie wenige Tage zuvor in einem Zivilgerichtsverfahren in London Kathy Etchingham unterlegen war.

Auch bei der drei Tage später durchgeführten Autopsie konnte die Todesursache von James Allen Hendrix nicht ein-

Alle, die Jimi kannten, sind traurig und sprachlos. Wir haben einen Freund verloren … Nur die Erinnerung an ihn und seine Musik werden als ewiges Denkmal eines wahrhaft großen Musikers und Menschen weiterleben.
Offizieller Nachruf

deutig bestimmt werden. Außer der extrem hohen Dosis von Vesparax-Schlaftabletten und Spuren von Barbituraten und Amphetaminen wurden keine weiteren Drogen bei ihm festgestellt, und auch die Ärzte bezeichneten die Todesumstände als unklar. Wahrscheinlich hatte Jimis vom ständigen Drogen- und Medikamentenmißbrauch sowie unglaublichem Streß und Anspannung geschwächter Körper einfach aufgegeben.

Die Medien zollten ihm in jeder Hinsicht Tribut: Die ›New York Times‹ bezeichnete Jimi als genialen schwarzen Musiker, Gitarristen, Sänger und Komponisten von überragender dramatischer Kraft. Daneben wurde Jimi in der Boulevardpresse aber auch als drogensüchtiger Junkie abgestempelt, und das Image des elend an einer Drogenüberdosis verendeten Rockstars blieb als fader Nachgeschmack hängen.

Am 29. September 1970 wurde Jimis Leichnam nach Seattle überführt und seiner Familie übergeben – ob das in Jimis Sinn war, darf bezweifelt werden, verband er doch mit Seattle in erster Linie eine schwierige Kindheit, viel Schmerz, Leid und Entbehrungen: eine Tatsache, die er auch in einem seiner letzten Songs, ›Belly Button Window‹, sehr deutlich formuliert hatte – aus der Position des Babys, das durch das »Bauchnabelfenster« in die Welt hinausguckt.

Die Trauerfeier fand am 1. Oktober in der schlichten Dunlap-Baptisten Kirche in Renton statt. Neben Jimis Familie waren viele frühere Freunde und Kollegen nach Seattle gekommen, um Hendrix die letzte Ehre zu erweisen, darunter Noel Redding und Mitch Mitchell, Miles Davis, Michael Jefferey, Eddie Kramer, Devon Wilson, Buddy Miles, Gerry Stickells, Chuck Wein und Johnny Winter. Auf Wunsch der Familie wurde der Sarg zum letzten Abschied noch einmal geöffnet.

»Man trauert immer, wenn Menschen sterben. Aber das ist doch reines Selbstmitleid! Der Verstorbene selbst weint jeden-

The Cry of Love
›Angel‹, ›Astro Man‹, ›Belly Button Window‹, ›Drifting‹, ›Ezy Ryder‹, ›Freedom‹, ›In from the Storm‹, ›My Friend‹, ›Night Bird Flyin'‹, ›Smashing of Amps‹, ›Straight Ahead‹

falls nicht. Wenn ich einmal sterbe, wünsche ich mir, daß die Leute meine Musik spielen, wilde Parties feiern und sich einfach gehenlassen«, hatte Jimi gesagt, und so fand am Abend in der Seattle Arena ein Gedenkkonzert für ihn statt. Noel und Mitch spielten gemeinsam mit Johnny Winter und Buddy Miles einige Experience-Titel. Die Familie Hendrix zog es jedoch vor, unter sich zu bleiben.

Schnell wurden nach Jimis Tod zahlreiche Live-Mitschnitte in teils mangelhafter Qualität auf den Markt geworfen. Die Plattenfirmen versuchten, mit Jimis Nachlaß noch ein paar schnelle Dollar zu verdienen, Tonbänder und private Dokumente verschwanden aus seiner Wohnung in New York. Wieviel Geld Jimi zum Zeitpunkt seines Todes wirklich besaß, konnte nicht geklärt werden, Track/Polydor und Chalpin/PPX stritten sich nach wie vor um Songs und Rechte, jede Menge Alben und willkürliche Zusammenstellungen von Jimis Songmaterial wurden veröffentlicht. Mike Jefferey und Eddie Kramer stellten nach Jimis Tod das Album ›Cry of Love‹ fertig, wobei Eddie versuchte, es im Sinne Jimis zu vollenden. Mike Jefferey kam zwei Jahre später bei einem Flugzeugabsturz in Frankreich ums Leben.

Den langen Rechtsstreit um Jimis musikalisches Erbe und die Rechte an seinen Songs konnte Al Hendrix schließlich für sich und die Familie entscheiden: »Ich fühle mich gesegnet, daß die Rechte an Jimis Vermächtnis an unsere Familie zurückgegeben wurden. Ich habe für die Kraft gebetet, diesen langen Kampf gewinnen zu können.«

Im Jahr 1992 wurde die Jimi Hendrix Experience in die Rock'n'Roll Hall of Fame aufgenommen, mit der Begründung: »Jimi Hendrix erweiterte das Vokabular der elektrischen Gitarre wie kein anderer Musiker vor ihm … Sein kreativer Drive, sein technisches Können und die innovative

---

First Rays of the Rising Sun
VÖ: Juli 1997
Titel: ›Freedom‹, ›Izabella‹, ›Night Bird Flying‹, ›Angel‹, ›Room Full of Mirrors‹, ›Dolly Dagger‹, ›Ezy Rider‹, ›Drifting‹, ›Beginnings‹, ›Stepping Stone‹, ›My Friend‹, ›Straight Ahead‹, ›Hey Baby (New Rising Sun)‹, ›Earth Blues‹, ›Astro

Man‹, ›In from the Storm‹, ›Belly Button Window‹

Ich legte eine Hendrix Platte auf, und mein Sohn fragte mich: »Daddy,
wer ist das?« Und ich antwortete ihm: »Mein Sohn, das ist Gott!«
Robert Plant (Led Zeppelin)

Anwendung von Effekten wie Wah Wah und Verzerrungen
haben den Sound des Rock'n'Roll für immer verändert.«

Erst 1993 wurde mit der CD ›Stone Free‹ das erste würdige
Tributalbum mit 14 Hendrix-Coverversionen veröffentlicht. Zu
den Interpreten gehörten Eric Clapton (›Stone Free‹), The Cure
(›Purple Haze‹), Buddy Guy (›Red House‹), Nigel Kennedy
(›Fire‹) und Pat Metheny (›Third Stone from the Sun‹). Im Juli
1997 erschien schließlich auch noch das letzte Studio-Album,
an dem Jimi bis zu seinem Tod gearbeitet hatte, unter dem Titel ›First Rays of the Rising Sun‹ als Doppel-CD.

Im selben Jahr wurde in Seattle die Plattenfirma Hendrix
Records gegründet. »Wir haben es uns zur Aufgabe gemacht,
Jimis Erbe am Leben zu erhalten. Er stand für so viel mehr als
nur für Rockmusik, und das trifft hoffentlich auch auf unser
Label zu«, erklärte der Präsident der Hendrix Records, Troy
E. Wright.

Jimis Grab wurde zum Pilgerziel von Fans aus aller Welt.
Fast 30 Jahre nach dem Tod seines Sohnes beschloß Al Hendrix 1999, auf dem Greenwood Cemetery eine offizielle Ge-
denkstädte für seinen Sohn zu errichten.

63 Jimis Grab auf dem Greenwood Cemetery

Zeittafel

1942 Am 31. März heiraten Al
      Hendrix und Lucille Jeter in
      Seattle.
      Am 27. November kommt
      Johnny Allen Hendrix zur
      Welt.
1945 Am 11. November kehrt Al
      von der Front nach Seattle
      zurück. Er fährt nach Kalifor-
      nien und trifft seinen Sohn
      zum ersten Mal.
1946 Am 11. September läßt Al
      Hendrix den Vornamen seines
      Sohnes von Johnny Allen in
      James Marshall, genannt Jim-
      my, ändern.
1948 Der zweite Sohn der Hendrix,
      Leon, wird am 13. Januar in
      Seattle geboren.
      Im September kommt Jimmy
      in die Vorschule.
1949 Im Sommer kommt Joseph Al-
      len Hendrix in Seattle zur
      Welt.
      Am 5. September wird Jimmy
      in die Dawson Annex School
      in Vancouver eingeschult.
1950 Die erste Tochter der Hendrix,
      Cathy Ira, wird in Seattle ge-
      boren (27. September).
1951 Das fünfte und letzte Kind,
      Pamela Marguerite, kommt
      zur Welt (27. Oktober)
      Am 17. Dezember werden Al
      und Lucille geschieden. Al er-
      hält das Sorgerecht für Jimmy,
      Leon und Joseph zugespro-
      chen. Aus finanziellen Grün-
      den gibt er Joseph jedoch zur
      Adoption frei.

1957 Am 23. Dezember heiratet
      Lucille erneut.
1958 Am 2. Februar stirbt Lucille,
      die Ursache: Leberzirrhose
      und Milzriß.
1959 Im Sommer schließt sich der
      ambitionierte junge Hendrix
      der High School Band The
      Rocking Kings an – als Bassist.
1960 Jimmy verläßt die Highschool
      ohne Abschluß.
1961 Am 31. Mai tritt Jimmy seinen
      Militärdienst an, seine Rekru-
      tennummer: RA 19693532.
      Nach der Grundausbildung
      wird er am 8. November in
      die 101st Airborne Division
      nach Fort Campbell in Ken-
      tucky berufen.
1962 Erst im Januar – er ist bereits
      seit acht Monaten bei der Ar-
      mee – bittet er seinen Vater,
      ihm seine Gitarre zu schicken
      und gründet die Gruppe The
      King Kasuals.
      Am 30. Januar wird er zum
      einfachen Soldaten erster
      Klasse befördert.
      Im Juli bricht er sich bei einem
      Fallschirmsprung ein Fußge-
      lenk und wird aus der Armee
      entlassen. Zwei Monate war-
      tet er anschließend auf die
      Entlassung seines Armeekum-
      pels Billy Cox, mit dem er an-
      schließend in Kneipen in und
      um Clarksville auftritt.
      Im Oktober fahren die beiden
      nach Nashville und schlagen
      sich mit der Musik durch.

1963 Mit George Odells Tourband tingelt Jimmy vom Frühjahr bis zum Ende des Jahres durch die Lande. Den Winter verbringt er bei seiner Großmutter Nora in Vancouver.

1964 Jimmy zieht nach New York. Im März findet er sein erstes festes Engagement: in der Begleit-Band der Isley Brothers. Mit ihnen tourt er durch die gesamte USA und nimmt an Plattenaufnahmen teil. Im Oktober verläßt er die Band und bleibt in Nashville. Anschließend tourt er mit Sam Cooke und schließlich mit *dem* Helden des Rock'n' Roll: Little Richard.

1965 Nach einigen Konzerten mit Ike & Tina Turner kehrt Jimmy im Sommer nach New York zurück und schließt sich im Oktober Curtis Knight & The Squires an. Im August erscheint Bob Dylans Platte ›Highway 61 Revisited‹, und wie fast alle Musiker seiner Generation ist er tief beeindruckt. Jimmy zieht ins Greenwich Village um, gründet mit drei Weißen seine eigene Band, Jimmy James and the Blue Flames, und übernimmt zum ersten Mal den Gesang. Tournee mit Joey Dee and the Starlighters und als Begleitmusiker bei Curtis Knight. Ed Chalpin von der Firma PPX Enterprises bietet Jimmy einen Plattenvertrag an, den dieser am 15. Oktober unterschreibt.

1966 Jimmy heuert für ein paar Monate beim Saxophonisten King Curtis und seiner Band an. Am 5. Juli besucht Chas Chandler ein Konzert von Jimmy James and The Blue Flames im Café Wah. Zweieinhalb Monate später, am 24. September, um neun Uhr morgens, erreicht Jimmy mit seiner Fender Stratocaster und einigen Klamotten den Londoner Flughafen Heathrow. Am 28. September erhält er eine Arbeitsgenehmigung bis zum Ende des Jahres. 1. Oktober: Gleich beim ersten Auftritt der legendären Band Cream ist Jimmy, der sich mittlerweile Jimi nennt, als Gastmusiker auf der Bühne dabei. Mit Bassist Noel Redding und Drummer Mitch Mitchell gründet er die Jimi Hendrix Experience. Vier Tage lang tritt die Jimi Hendrix Experience im Vorprogramm von Johnny Haliday in Frankreich auf (12.– 18. Oktober), anschließend noch im Big Apple in München (8.–11. November). Am 25. November tritt die Band zur Veröffentlichung von Jimis erster Platte im angesagten Club Bag o'Nails auf. Am 6. Dezember zieht er mit seiner Freundin Kathy in Ringo Starrs frühere Wohnung am Montagu Square nahe der Baker Street. 16. Dezember: Die Single ›Hey Joe‹/›Stone Free‹ wird in England veröffentlicht; die Band tritt in den wichtigen Musiksendungen ›Ready Steady Go‹ und ›Top of the Pops‹ auf.

1967 Im Januar beginnt die Jimi Hendrix Experience mit den Aufnahmen für ihre zweite Single.

Die Monate Februar und März
verbringt die Jimi Hendrix
Experience auf Tournee.
Am 17. März wird die zweite
Experience Single ›Purple
Haze‹/›51st Anniversary‹ in
Großbritannien und ganz
Europa veröffentlicht.
Im April geht die Jimi Hen-
drix Experience auf ihre erste
landesweite Tournee durch
Großbritannien. Während des
Konzerts im Finsbury Park
Astoria setzt Jimi zum ersten
Mal, in seinem neuen Titel
›Fire‹, seine Gitarre in Brand.
Anfang Mai besucht die Jimi
Hendrix Experience Skandina-
vien.
Die Single ›The Wind Cries
Mary‹/›Highway Chile‹ wird
im Mai veröffentlicht, im sel-
ben Monat erscheint die erste
Langspielplatte, ›Are You
Experienced‹.
Am 18. Juni gibt die Jimi Hen-
drix Experience beim Monte-
rey Pop Festival ihr erstes
Konzert auf dem amerikani-
schen Kontinent. Im Juli folgt
die erste USA-Tournee im
Vorprogramm der Monkees.
Zwischen September und
Dezember finden Konzerte in
Schweden, Frankreich und
England statt.
Am 1. Dezember erscheint das
zweite Album: ›Axis: Bold as
Love‹ in England.

1968 Das erste Konzert des Jahres
findet am 4. Januar in Göteborg statt, anschließend tourt
die Jimi Hendrix Experience
durch Schweden und Däne-
mark.
Am 10. Januar wird ›Axis:
Bold as Love‹ nachträglich
auch in Amerika veröffentlicht.

Am 30. Januar beginnt die er-
ste Amerika-Tournee, die bis
Mai dauert.
Am 11. Februar trifft die Band
in Seattle ein, und Jimi sieht
zum ersten Mal seit Jahren
seinen Vater wieder.
Die Tournee zieht sich noch
weiter durch die Monate April
und Mai.
Ab Anfang Mai beginnt die
Band im New Yorker Record
Plant Studio mit den drei-
monatigen Aufnahmen für
das dritte gemeinsame
Album.
Am 18. Mai ist die Gruppe
Headliner beim Miami Pop
Festival, bei dem auch Frank
Zappa & The Mothers of In-
vention, Chuck Berry und
John Lee Hooker mit auf dem
Programm stehen.
Am 30. Juli beginnt die zweite
Amerika-Tournee der Jimi
Hendrix Experience. Ins-
gesamt stehen wieder knapp
60 Konzerte in rund 20 ver-
schiedenen Bundesstaaten auf
dem Programm.
Es folgt eine Europa-Tournee,
die die Jimi Hendrix Expe-
rience durch Italien, die
Schweiz, England und Mal-
lorca führt.
Ende August tourt die Band
abermals durch die Vereinig-
ten Staaten: 50 weitere Konzerte.
Im Spätsommer vollzieht
Manager Chas Chandler verbittert die Trennung von Jimi
Hendrix.
Am 25. Oktober kommt das
Album ›Electric Ladyland‹ auf
den Markt. Die Jimi Hendrix
Experience wird vom amerikanischen ›Billboard Magazine‹
zur »Band des Jahres« gewählt.

1969 Im Januar tourt die Experience in Schweden, Dänemark, Deutschland, Frankreich und Österreich.
Jimi wird von den Lesern des ›Rolling Stone‹ zum »Künstler des Jahres« gewählt.
Während der vierten Amerika-Tournee wird Jimi am internationalen Flughafen von Toronto wegen Heroinbesitzes verhaftet. Gegen Zahlung einer Kaution kommt er wieder auf freien Fuß.
Am 9. Juni gibt die Jimi Hendrix Experience beim Denver Pop Festival ihr letztes gemeinsames Konzert.
Am 18. August spielt Jimi beim Woodstock Festival mit seiner neuen Formation: Gypsy Suns and Rainbows. Zur Band gehören Billy Cox (Baß), Mitch Mitchell (Schlagzeug), Larry Lee (Gitarre), Jerry Velez (Percussion) und Juma Sultan (Percussion).
Im November gründet Jimi mit Buddy Miles am Schlagzeug und Billy Cox am Baß die Band of Gypsys.
Vom 7. bis 10. Dezember steht Jimi in Toronto wegen illegalen Drogenbesitzes vor Gericht und wird schließlich freigesprochen.
Jimi und sein Manager Michael Jefferey kaufen den Generations Club in Greenwich, New York City.
An Silvester gibt die Band of Gypsys im Fillmore East ihr Debütkonzert.

1970 Am 28. Januar spielt die Band of Gypsys beim Winter Festival for Peace im Madison Square Garden. Nach nur zwei Songs bricht Jimi den Auftritt ab und löst die Band dann auf.

Die Jimi Hendrix Experience wird mit Billy Cox am Baß und Mitch Mitchell am Schlagzeug reformiert.
Jimi beginnt neues Material für ein geplantes Doppelalbum einzuspielen.
Ende April beginnt die ›Cry-of-Love‹-Tournee in Los Angeles.
Am 12. Juni kommt das Live-Album ›Band of Gypsys‹ auf den Markt.
Am 26. Juli spielt Jimi wieder in Seattle, wo er zum letzten Mal mit seiner Familie zusammentrifft.
Am 1. August stand Jimi in Honolulu zum letzten Mal auf einer amerikanischen Konzertbühne.
Am 25. August wird Jimis eigenes Electric Lady Studio eröffnet.
Jimi spielt am 27. August auf der Isle of Wight. Es folgen Konzerte in Schweden, Dänemark und Deutschland.
Jimi gibt am 6. September auf der Ostseeinsel Fehmarn sein letztes Konzert.
Am 18. September stirbt Jimi Hendrix im Alter von 27 Jahren in London. Sein Tod wird um 11.45 Uhr im St. Mary Abbot's Hospital bestätigt.
Am 1. Oktober findet Jimi auf dem Greenwood Cemetery in Seattle seine letze Ruhe.

Literaturhinweise

Quellen

Brown, Tony: Jimi Hendrix. London, New York, Sydney 1992
Umfangreiche, gut recherchierte Hendrix Biographie (Original: 1990 William Heinemann Ltd.)

Etchingham, Kathy: Through Gypsy Eyes. My Life, the Sixties and Jimi Hendrix. London 1998
Autobiographie von Jimis langjähriger Freundin und Lebensgefährtin Kathy Etchingham

Henderson, David: 'Scuse Me While I Kiss the Sky. The Life of Jimi Hendrix. New York 1978
Umfangreiche Hendrix-Biographie in poetischem Stil von einem linken, schwarzen Bürgerrechtler

Hendrix, James A.: My Son Jimi. Seattle 1999
Jimis Lebensgeschichte, erzählt von seinem Vater

McDermott, John, mit Eddie Kramer: Hendrix – Setting the Record Straight. New York 1992
Komplette Beschreibung aller Hendrix-Werke in enger Zusammenarbeit mit Soundingenieur Eddie Kramer

Potash, Chris: The Jimi Hendrix Companion. Three Decades of Commentary. o.O. o.J.
Kritiker und Berichterstatter der letzten drei Jahrzehnte kommen hier zu Wort.

Shapiro, Harry, und Glebbeek, Caesar: Electric Gypsy. Jimi Hendrix – die Biographie. Köln 1993

Umfangreiche, gut recherchierte Hendrix Biographie (Original: 1990 William Heinemann Ltd.)

Trampert, Lothar: Elektrisch – Jimi Hendrix, der Musiker hinter dem Mythos. Augsburg 1991
Detaillierte Informationen über Jimis Gitarren und Spieltechniken vom Redakteur des Fachblattes ›Gitarre und Baß‹

Andere verwendete Literatur

Cohn, Nik: AwopBopaLooBopA-LopBamBoom. Reinbek bei Hamburg 1971

Faithfull, Marianne. Eine Autobiographie von Marianne Faithfull mit David Dalton. Frankfurt 1994 (deutsch 1995)

Miles, Barry: Paul McCartney – Many Years From Now. London 1989
Eine verkappte McCartney-Autobiographie. Von McCartney abgesegnet, mit vielen Interviewzitaten und Anekdoten des Musikers

Palmer, Tony: Electric Revolution – Die Inside Story der Pop Stars. Verlag Bärmeier und Nikel 1971

Roberts, Thomas B.: The Second Centering Book. o.O. 1997

Sonderhoff, Joachim: Idole. Jimi Hendrix (Aufsatz in der von Schmidt-Joos herausgegebenen Idole-Reihe). Berlin 1985

Tilgner, Wolfgang: Open Air. Berlin 1988

Tobler, John, und Frame, Pete:
Rock'n'Roll – The First 25
Years. New York 1980
Williams, Paul: »Like a Rolling
Stone« – Die Musik von Bob
Dylan 1960–1973. Bielefeld
1994
Zeitz, Petra: Paul McCartney – Le-
ben und Musik. Berlin 1992

Musikgeschichte
Dister, Alan: Die wilden Jahre des
Rock'n'Roll. Ravensburg 1994
Kneif, Tibor: Sachlexikon Rockmu-
sik. Reinbek bei Hamburg
Rs: Rock'n'Roll Babylon –
Skandale der Popmusik, Han-
nibal-Verlag 1996
Palmer, Robert: Rock & Roll – die
Geschichte einer Kultur-
revolution. Hannibal-Verlag

Zeitschriften
Billboard Magazine
Rolling Stone Magazine

Hendrix-Songs – Songbücher
»Hendrix – Smash Hits«. Editorial
Director (Notes) Noe »the G«
Goldwasser, Bella Godiva
Music, Inc. 1990
Bob Dylan: Highway 61 Revisited.
Warner Brothers Musik Ltd.

Anmerkung der Redaktion

*Interessanterweise erscheinen nicht nur
zahlreiche Titel der Songs, sondern
selbst die Eigennamen wichtiger Per-
sönlichkeiten in Hendrix' Umfeld in
den diversen Medien in verschiedenster
Schreibweise. Wir haben uns um eine
einheitliche Schreibweise bemüht, die
aber durchaus von der in anderen Pu-
blikationen gewählten abweichen kann.*

Bildnachweis

*Die Rechte der hier nicht aufgeführten
Abbildungen liegen bei der Autorin
oder konnten nicht ausfindig gemacht
werden. Berechtigte Ansprüche werden
selbstverständlich angemessen abge-
glichen.*

Register

dtv portrait

Herausgegeben von Martin Sulzer-Reichel
Originalausgaben

Biographien bedeutender Frauen und Männer aus Geschichte, Literatur, Philosophie, Kunst und Musik